特別支援教育の実践力をアップする技とコツ68

新井英靖・高橋浩平 著

黎明書房

はじめに

子どもの笑顔が何よりもかわいいと思える教師は、「子どものためになることなら……」という思いで努力をし、自分を変えていくことができる人だと思います。そうした教師の多くは、心のどこかで「楽しくなければ学校じゃない」という思いを持ちながらも、さまざまな制約の中でそれを十分に実現できないもどかしさを感じて、日々、実践しているのではないかと思います。

この本は、そうした「子どもと楽しく学校生活を過ごしたい」と思っている特別支援教育に携わる教師に向けた入門書です。子どもとどのようにコミュニケーションをとるか、子どもが生き生きと活躍する授業をつくるときに大切なことはなにか、保護者とどのように向き合うかなどについて、日々の実践をベースにして、特別支援教育の「技」と「コツ」を平易に解説しています。

本書では、具体的な実践のイメージを持ってもらおうと、ほとんどすべてのページに学校や教室でよく見かける子どもや保護者の姿を描きながら、技とコツを解説しています。プライバシー保護の関係から、事例に挙げた子どもや保護者については、重要部分を大幅に脚色して実在しないケースとして掲載していますが、筆者らの経験をそのまま読者のみなさんに共有してもえるような内容に構成しました。

しかし、この本は特別支援教育のノウハウを解説した単なるHow to本とは違います。見開きで執筆している一つひとつの話題の中に、実は特別支援教育の実践の奥深さを感じられる含蓄のある「ことば」が散りばめられています。

だから、この本は一度読んだあと、少し時間をおいてまた読んでみてください。気に入った話題を見つけたら、そのページを何度も何度も読み返してみてください。そうすることで、知らず知らずのうちに、含蓄のある「ことば」が読者のみなさんの心の中にしみ込んでくることでしょう。

本書は前半三つの章を高橋浩平が、後半三つの章を新井英靖が分担して執筆しています。最終的には新井が文章チェックをし、全体的な統一をはかりました。

私たち著者は一五年来、特別支援教育の実践研究を共同で行ってきました。そうした二人であるので、おそらく核心部分についてはほぼ同じことが書かれているのではないかと思います。特別支援教育には、教師が考えるべきいろいろな話題がありますが、どんな問題に立ち向かうときにも教師として大切なことは同じである、ということをこの本を通じて感じ取ってもらえれば幸いです。

本書の企画は新井と高橋が編者となって刊行し、読者のみなさんから大変ご好評いただいている「特別支援教育キャリアアップシリーズ」(全三巻、黎明書房)に掲載されたコラムがきっかけでした(本書には、1、2として再録させていただきました)。この本に掲載されたコラムのような、多くの教師が日常的に行っている実践活動を、平易に、そして具体的に書き記した本を執筆できないかと、黎明書房の都築さんよりもちかけられたことがきっかけで、本書の執筆が始まりました。

筆者らの中にある教育実践に対する「思い」や「技」を紙面で伝えることは、思いのほか難しいことではありましたが、具体的な実践が書かれているのに、理念もあるといった一味違った実践書に仕上がったのではないかと思います。

私は大学で学生に特別支援教育の授業づくりについて講義をしています。しかし、自分の講義を振り返ってみると、掲示板の持つ意味であったり、朝の会の何気ない教師と子どものやりとりの意味など、理論化しにくい実践活動についてはあまり学生に語ってこなかったように思います。

でも、楽しい授業や子どもの豊かな発達は、こうした理論化できない教師と子ども、そして保護者とのコミュニケーションに支えられているのだということを、私たちは忘れてはならないと思います。『特別支援教育の実践力をアップする技とコツ68』は、そうした現場の先生たちが大切にしている理論化できない「実践知」をできる限りリアルに、そして日々の実践に活用できるように咀嚼しながら執筆した本です。

本書の執筆にあたって、黎明書房の都築康予さんに大変お世話になりました。読者のみなさんが読みやすく、かつ、実践的に活用できるような本となるよう、いくつものアドバイスをいただきました。

また、茨城大学大学院教育学研究科大学院生の桑田明奈さんと加茂聡さんには、忙しい中、本書の執筆にあたって多くのご協力をいただきました。ここに記して感謝申し上げます。

本書が特別支援教育の現場で子どもたちや保護者の方々と真剣に向き合い、奮闘されている先生方の元気の源になることを願っています。

著者を代表して　新井英靖

目次

第2章 ― 学校生活が楽しくなる学校づくり・学級づくり

第4章 教師の力量をアップする 87

第5章 教育実践の幅を広げよう 115

第6章　保護者を支援する教師になる　137

第1章

特別支援教育の教師のいろは

1　まずは子どもをしっかりと見ること

これは、私が教員になって初めて担任をしたときのことです。そのクラスには双子の子どもがいました。この二人の見分けが最初はなかなかつきません。

一人ひとりの子どもの名前を覚えるのも必死だった私は、「この二人はどうやって見分ければいいんだろう？」と悩んでいました。それでも「まあ、そのうちなんとかなるさ」と楽観的に構えていました。ところが四月当初の家庭訪問で、保護者から「前の先生は結局最後まで二人の見分けがちゃんとついていなかった」と言われ、それがものすごいプレッシャーとなって私にのしかかってきました。

しかし、当然のことながらお母さんはきちんと見分けているわけですし、他のベテランの先生も見分けていました。その先生に「どう見分けているのですか？」と聞いても「う〜ん。なんていったらいいかな。まあ、つきあっていくうちに見分けられるようになるよ」という、はなはだ心許ないお答え。このままでは保護者から担任失格の烙印を押されてしまうという危機感が新人の私にどっと押し寄せてきました。

とにかく二人がいるときにどこか違いはないか、必死になって見るようにしました。

「見る」というよりも「観察している」といったほうが正しいかもしれません。でも気がつくとどうしても服の違いで判断していたり、他の先生が「○○くん」と呼ぶのを聞いてなんとか見分けているという日々が続いていました。

　ところがある日、お兄ちゃんの左目の下のところに、弟にはない小さな小さなほくろを見つけました。「やったー！」と叫びたいほどうれしかったことを覚えています。今となってては何か恥ずかしさを感じるような出来事ですが、そのときの私にとっては「これで保護者に胸を張って『大丈夫です。見分けられます』と言える」という気持ちでした。もちろん私も、ベテランの先生が話していたように、一緒に学習や生活をする中で、徐々に二人の違いがわかるようになっていきました。

「授業を進める」「一日の予定をとにかくこなす」という中で、教師は意外と子どもをしっかりと見ていないということに陥る場合があります。新人にありがちな落とし穴かもしれません。まずは子どもをしっかりと見ること。このことが大切だということを否定する人はあまりいないでしょう。しかし、それを実行するということはかなり意識をしないとできないことでもあるのです。そしてまた、それはあらゆる局面を打開する糸口にもなると思っています。私はいつも、「悩んだら、迷ったら、まず子どもをしっかりと見よう」ということを原則にして子どもたちとかかわっています。

2　一日の出会いは朝のさわやかなあいさつから

学生時代に養護学校（現在の特別支援学校）へ教育実習に行ったときのことです。連日の指導案作りや、授業の準備でヘトヘトになる、三週間のつらい大変な教育実習でした。そこで指導教官の先生たちからとにかくたたきこまれたのは、「朝自分がどんなにつらくても明るく『おはよう！』と子どもを迎えること」でした。おかげで私は、寝不足で朝、ぼーっとしていても、子どもの顔を見た瞬間に「おはよう！」と元気にあいさつできるようになっています。

さて、この「自分からあいさつをする」ということは、実は子どもに積極的にかかわるきっかけでもあります。朝、子どもの顔を見て「おはよう！」とあいさつをする。そのときに子どもの様子を見ることになります。教師としては、学校に来た一番最初の顔をきちんと見ておきたいところです。そうすると、子どもはその教師を朝学校に行ったときにまず出会う人というように意識するようになっていきます。子どもに担任として認識してもらっているかどうかは、授業をする際にもとても大切です。それらのことが朝のあいさつで達成できるならば、これはけっこう〝お得な〟活動と言えるでしょう。

少し慣れてきたら、いくつかバリエーションをつけたり、子どもによって対応を変えてみるなど、工夫をしていくこともいいと思います。たとえばAくんは「しっかり目を見てあいさつをする」。Bさんには「あいさつをしたあと握手をする」。Cくんには「お互いにおじぎをしながらあいさつをする」。Dさんには「目の前でしっかり手を振ってあいさつをする」。Eさんには「あいさつのあと朝ごはんは何を食べてきたか尋ねる」……、などと考えるだけでも、ずいぶん幅が広がります。

あいさつはコミュニケーションの基本です。子どもから「おはよう」と言われると何だか教師はうれしくなるものです。「せんせい、おはよう」と言われたときに教師になった実感を持ったという人もいるのではないでしょうか。

ただし「あいさつ」させようと子どもに強いるのはいただけません。あくまで子どもの実態を見て無理のないやり方を考えてください。

また、自分のあいさつはどのように相手に見えているのかを教師自身が知っておくことも大切です。鏡の前に立って見てみるのは恥ずかしい、抵抗がある、という人にはビデオを撮ることをお勧めします。教師は「動く教材」なのです。

子どもたちに朝のあいさつをするだけでその日一日がいい日になる予感がします。まずは、子どもたちに朝のさわやかなあいさつができるようにしてみましょう。

3　一日の流れをつかむ

学校というところは時間割があり、そのスケジュールに沿って動いています。もちろん行事などいつもと違う予定のときもありますが、まずは、この「基本的なスケジュール」を教師がしっかりつかむことが大切だと考えます。

どんな教師でも、教師になりたての頃、何時何分から何時何分までが一時間目で、二時間目は……、三時間目は……と一日のタイムテーブルを答えることは決して簡単なことではなかったと思います。

また学校を異動するとそのタイムテーブルが微妙に（あるいは大幅に）変わってしまうこともあります。そうした意味では、学校のタイムテーブルを体にしみこませることが教師の最初の仕事であると言えるかもしれません。

「一日の流れをつかむ」ということは、おおまかに学習の流れを把握することでもあります。帯状の時間割を組んでいる学校では、一時間目は朝の会、二時間目はことば・かず、三時間目は体育などというように、子どもが学習のリズムをつかみやすいように工夫されています。また、たとえば水曜日には図工があるなどというように、曜日によって授業科目が変わるものもあります。

人間の感じる時間というのは、実は結構いい加減なもので、楽しいことは短く感じ、つらいことは長く感じてしまいます。一日の流れがあいまいで、だらだら活動していてもよい学習にはなりませんので、教師は、できるだけ活動のポイントをおさえながら学習や生活を行うようにしていくことが大切です。

一日の流れがある程度定着してくると、子どもの行動と一日の流れの関係が見えやすくなるということも出てきます。たとえば、朝は調子が悪いけど、体育で体を動かすと気持ちを取り戻し、給食前におなかが空いてくるとまた機嫌が悪くなってくる……などという感じです。

目の前の子どもがどうしてパニックを起こしているのかは、意外とわかりにくいものです。しかし、一日の流れをつかんだ上で、子どもの困難を何回も観察していると、「この子の空腹感が生じるのはだいたいこの時間なのかな」とわかってきたりします。

もちろん「一日の流れをつかむ」というのは、学校のタイムテーブルを理解しているだけでなく、その時間に何をやるのか、どういう活動をするのかがわかっていなければなりません。どんなに忙しくても、朝どこかで同僚と一日の流れを確認する時間をとり、「次は何をやるんだっけ？」などということがないようにしたいものです。

4　子どもの何を配慮し、何を受け止めるか

初めて教員になった人やボランティアで手伝いに来た人から、「子どもたちとはどう接すればいいんですか？」という質問を受けることがあります。特別支援学校や特別支援学級に通っている子どもだから、何か特別な接し方があるに違いない。自分たちは、その方法に沿ってやらないと無用な混乱を引き起こしてしまう……と考えているのかもしれません。しかし、私は他のすべての子どもと変わりはないと思っています。

もちろん障害に対する配慮はしなければなりません。たとえば、「この子は発作があるから、激しい運動はＮＧ」とか「この子は左半身にマヒがあるので、左側を使う動きのときは支援してあげて」などです。

しかし、「この子はすぐに他人に危害を加えるからつかまえていて」というのはどうでしょう？　それは配慮でしょうか？　私は違うのではないかと思っています。学校で子どものの人権は保障されなければなりません。事故や事件につながることは未然に防ぐ必要がありますが、その子の立場に立って考える必要があります。

そういうことを言うとベテランの先生から、「そうは言っても実際にはつかまえていな

ければ事故が起きるんだ」と言われてしまいそうです。しかし結果的にそうせざるを得ないにしても、まずは子どもの障害と人権に最大限の配慮をすることを大原則とするべきだと、私は思っています。

では、子どもの何を受け止めるか？　これは極端なことを言えば「子どもの反応・行動すべて」です。受け止めた上で、子どもに自分の思いを返していくことが大事だと思います。一つの例を出して考えてみましょう。

A先生「何やってるんですか！　だめだって言ったでしょう！」

B先生「黒板に絵を描きたかったのかあ。でも次の時間に黒板を使いたいから消してもいいかな。」

子どもの行動が同じでも、A先生とB先生の対応は違います。こうした働きかけの違いによって、その後の子どもの行動や授業の展開が変わっていくことは容易に想像できるでしょう。

子どもの障害や人権を配慮し、子どもの反応・行動のすべてを受け止める。言葉で言うのはたやすいですが、この言葉を実行に移すにはかなりの力量が必要です。だからこそ、日々、子どもたちとのやりとりを大切にし、子どもの反応や行動をよく見ることができる教師でありたいものです。

5　子どもと遊ぶ

「子どもと遊べる教師は良い先生」とよく言われます。これを読んでいる方は、最近、子どもとよく遊んでいますか？　学校現場は忙しくなってきて、なかなか子どもと遊ぶ時間がとれないのが現実かもしれません。しかし、まずは「子どもと遊べる教師」でありたいものです。

ボランティアで来る学生などを見ていると子どもを安全に管理することばかりに目がいってしまい、一緒に遊ぶことができていないという場面をよく見かけます。また障害の重い子どもの場合など、「どうやって遊んだらいいかわからない」という人もいます。障害のある子どもと「遊ぶ」ということは意外と難しいことであり、これができれば、教師が学校生活を送る上で武器になるのではないかと感じています。

では、どうやって「子どもと遊ぶ」達人となるか。

教師の心の中に「遊ばせてやるぞ」とか「遊ばせなくてはいけない」という気持ちがあるうちは、うまく子どもと遊べません。むしろ、自分が「遊ぶぞ」「楽しむぞ」という気持ちが必要です。楽しい活動をしていると障害の重い子どもでもそれを察知して近づいてくることもあります。だから、まずは「全体として楽しい雰囲気」が作れているかどうか、そして自分が「ガキ大将」で遊ぶことができるかどうかを考えましょう。

状況によって、いつでもそうするわけにはいかないかもしれません。しかし、逆に今日はガキ大将で遊んでごらん、と言われてガキ大将になれる先生がどれくらいいるでしょうか。実はガキ大将になるには遊びの内容や方法をよく知っていないとできないことなのです。常日頃からそうした遊びの引き出しをどれだけ作っておけるか、ということが教師には求められます。

私がよく使う遊び道具は、風船、シャボン玉です。時間のあるときは、風船をたくさんふくらませて遊びます。ですから風船は一〇〇個単位で買っていつでも取り出せるところに置いています。シャボン玉は、教師が目の前でやって見せることも多くあります。また、息を吹かなくてもシャボン玉が作れる道具を使ったりもします。もちろんガキ大将としては、私は誰よりも大きいシャボン玉を作ることを目指します。こうしたガキ大将のシャボン玉は、子どもの注目度大であること間違いなしです。

小道具がなくても、鬼ごっこや追いかけっこなど、子どもと楽しく遊ぶ方法はあります。オーバーアクションや派手な受け答えをして、子どもを楽しませるようにしてみましょう。それだけで子どもとの関係はかなり違ってくるはずです。

6　好きなこと、嫌いなことを知る

特別支援教育ではアセスメントばやりの風潮があります。子どもの実態を把握することは大切なことですから、そのこと自体を否定するつもりはありません。ＷＩＳＣや田中ビネー、あるいはＫ―ＡＢＣ等の発達検査を実施することができる教師は、それを使って子どもに迫っていくのもいいでしょう。

ただ、何の予備知識もないままこの世界に入ってきた人が、いきなり「子どものアセスメントをしなさい」と言われても、とまどってしまうというのが正直なところではないでしょうか。

そうした人へのアドバイスとして、私はまず子どもの「好きなこと、嫌いなこと」を保護者に尋ねることを勧めます。好きなテレビ番組、マンガやアニメのキャラクター、歌や音楽、ＣＭなど、「この子はこれが好きなんだ」とわかるだけで、コミュニケーションの糸口が見つかります。

ＣＭの音楽を口ずさんだだけで、今まで見向きもしなかった子がこっちを向いてくれたり、好きなキャラクターのお面をかぶってその子の前に立ったら、今までになく盛り上がったなどということもありました。また、好きな食べ物がわかると、そのことを考慮しながら調理実習を組めたりもします。

逆に子どもの嫌いなことがわかると、「嫌いなこと」を避ける配慮をすることで、無用な混乱やパニックを起こさずにすむことができます。

保護者に子どもの好き嫌いを聞くときは、簡単な一枚のプリントで「好きなこと（とにかくなんでも）」「嫌いなこと（とにかくなんでも）」というように思いつくままに書いてもらいます。保護者が、あまり負担に感じないように、「本当に思いつくままでけっこうですよ」と声かけをしておきます。一つ二つ、あるいは一行、二行でも、その情報はとても貴重です。保護者によっては紙いっぱいびっしり書いてくださる方もいて、それに目を通すだけでも、その子の一面が確実に理解できるものです。

「子どもの好きなこと、嫌いなことを知る」ということは、まさに子どものアセスメントの一つであると思います。これは、何も予備知識がなくても、すぐに実行できるアセスメントです。「子どもとどうかかわったらいいんだろう」と悩んでいる教師は、まずこうした情報を仕入れて参考にすることから始めましょう。また、学校で教師自身が発見した「子どもの好きなこと、嫌いなこと」を書き加えていくと、引き継ぎなどのときに大変有効だということも付け加えておきます。

7 学習指導を通して子どもを伸ばす

私は「子どもを伸ばすのは学習指導である」と思っています。重い障害のある子どもの場合、身辺自立に向けた指導が多くなりますが、単に身辺自立のための経験を繰り返すことが「学習指導」と言えるのでしょうか。

むろん、「領域・教科を合わせた指導」では「日常生活の指導」というものがあり、食事指導、衣服着脱の指導、排泄の指導などが学習として組織されています。しかし、たとえそうした時間であっても、「子どもの知的側面に働きかけ、認識を伸ばすもの」を「学習」と捉えるべきではないかと考えます。

たとえば、毎日マラソンを行うことで体力はつくかもしれませんが、「さあ、走って」と指導するだけで、子どもの「学習」と言えるのでしょうか。マラソンをさせることが悪いと言っているわけではありません。教師の指導の中に「子どもの知的側面に働きかけ、認識を伸ばす」工夫があるかどうかということを問題にしているのです。

学校では国語や算数、あるいは「ことば・かず」といった教科学習が、「子どもの知的部分に働きかけ、認識を伸ばす」ための「学習」として主に取り組まれるものだと思います。こうした授業では、子どもが考えているか、試行錯誤をしているか、主体的に行動しているか、意欲的に活動しているかなどを検証しながら、教師の働きかけについて考えていきましょう。

もちろん、一人で給食を食べられるようにする、一人でトイレに行って用を足すことができるといった身辺自立に向けた目標を掲げて、学習指導を進めていくことを否定するつもりはありません。学校にはそうした活動が中心的課題となる子どもがいることは事実です。しかし、私はそうした子どもに対しても、身辺自立にとどまらない「学習指導」を展開していきたいと考えています。

「名札を貼る活動」を例にとってみましょう。子どもに名札の向きを変えて渡したらどうなるでしょう。子どもが「あれ？」と頭を使って考えるのではないでしょうか。こうした子どもの知的側面に働きかけ、認識能力を伸ばす学習指導は、重度の障害児にもできると思います。そして、教師の意識次第で、学校生活のさまざまな場面で取り入れることができることでしょう。

「名札の向きを変えて渡しても、ちゃんと向きを直して貼った」などというシーンを見ると、「ちゃんと向きがわかっていたんだな」とうれしくなります。どんな小さな場面でも、子どもが伸びることを楽しみにできる教師でありたいものです。

8　子どもの「かかわる力」を伸ばす

「個別の指導計画」や「個別の教育支援計画」という名称を聞いたことがあると思います。特別支援教育の特色の一つと言ってもいいでしょう。ただ、「一人ひとりに応じた」というところにあまりにも力点が置かれると、いわゆる「木を見て森を見ず」という状態に陥ってしまうのではないでしょうか。

学校の大きな特徴は「集団があること」です。三人の子どもに三人の指導者がいる教室で、子どもと教師が一対一になって、三人の子どもがまったく違う内容の学習をしているなどという光景を見ることがあります。しかし、それは果たして学校でやることなのかと疑問に感じてしまいます。

「個別の指導計画」が始まった当初、よく研修会で「子どもの個別目標は明確でなければならない」と強調されました。たとえば、調理実習で「それぞれ子どもの好きな食べ物を作る」というねらいを持って、Aくんはサンドイッチ、Bくんはスパゲッティ、Cくんはカレーライスを作ることになりました。それぞれその具体的な調理方法が記載されます。

しかし、AくんがBくんの活動を見て「僕もスパゲッティがいい」と言い、その結果、「じゃあ、みんなで三種類作って、みんなで分けて食べよう」といった授業の展開は、あまり良い授業とは言えないということなのでしょうか。

集団の力を利用しないというのは、学校ではとてももったいないことだと思います。まずは他者がいることを意識する力、そして主体的に他者に働きかける力（これがいわゆる「かかわる力」です）をつけていきたいと思います。

自閉症のDくんとEくんがいました。お話発表でDくんは発表者、Eくんは書記として黒板に書く係でした。Dくんが「○○急行、唐木田行きに乗りたい」と発表しました。Eくんは「カラキダ、カラキダ……」と「唐木田」を漢字で書くことができないで困っています。そこで私は「ひらがなでもいいんじゃない」と助け船を出すと、Eくんは「からきだ」と黒板に書きました。するとDくんがすかさず「漢字ね！」とつっこんできました。どうしようと不安な表情で私を見るEくん。しかし知らん顔して「二人で何とかしてください」と冷たく言う私。さあ、どうなったでしょう？　DくんがEくんからチョークを借りて「唐木田」と書いて助けたのです。いや、あっぱれ！　と思いました。

このエピソードをあなたはどう思いましたか？　自閉症児でも、子どもたちはかかわろうとする力があるのです。その「かかわる力」を引き出せるかどうかは、教師が鍵を握っていると言ってもよいのではないかと私は思っています。

9　こだわる子どもの気持ちを揺さぶる

一番がいい。一番じゃなきゃだめ。絶対に勝てなきゃいやだ、というように順番や勝ち負けにこだわる子がいます。そのことで授業がうまく進行しなかったり、その子の教育を保障できないということがあれば、そうした子どもの「こだわり」に対しては支援が必要であると思います。

私の学級では、朝の会のとき、自分の名札を黒板に貼る順番を日直が決めています。もちろん、「一番がいい」とこだわる子をいつも一番にするわけではないので、その子はこの場面でいつもひと騒ぎします。でも、ひと騒ぎが起こっても、教師のほうは大げさに取り扱わずに、そのつど子どもと話し合っています。こうした対応をしていると、そのうち「今日は二番でもいいや」となっていく子どももいます。

また、ひと騒ぎがパニックのようにひどくなる場合は、最初は一番にしておいて、それから徐々に一番の人を増やしていく方法をとることもあります。つまり、AくんもBくんもCくんもみんな一番、という状況を作るのです。そうして「君も一番だからね」と言いながら、名札を貼る順番はどんどん後にしていくのです。これらはさまざまな機会を見つけて「慣れてもらう」ものだと考えられます。

勝ち負けにこだわる子に対しては、どのくらい「勝つ」状況を作るか、あるいは「負ける」状況の中で支援するかを考えることが必要だと思います。たとえば運動会のかけっこでは、走る相手などを調整しながら「勝つ」状況を意図的に作るときがあります。これは、「一位になったこと」がその日の参加状況を大きく左右するからです。

しかし、一方で、体育の時間などでは、「負ける」経験の中で、気持ちを立て直していけるように支援します。このように、「勝つ」ことで生まれる成就感と、「負ける」という事実を受け入れることを総合的に考えながら、バランス良く対応していくことが大切なのではないかと思います。

ところで、順番も勝ち負けも集団があってこそ出てくるものです。順番にこだわる子の中には、ひとりっ子で、そもそも待つとか並ぶという経験のない子もいます。仲間と一緒に活動するという経験を通して「こだわり」が改善されていく場合があります。また、クラス集団が成熟してくると、まわりの子どもが一番をゆずってまとまろうとする姿も見られたりします。

教師は、こうした集団の力にも気を配る必要があります。こだわりに対して一つのアプローチを貫くのではなく、子どもを揺さぶりながら、柔軟な対応が必要です。

10　周りの同僚と話をする

特別支援学校や特別支援学級の現場では複数の担任で指導を行うことがほとんどだと思います。ティーム・ティーチングで連携しながら授業を行っているということが多いのではないでしょうか。

一緒にチームを組む同僚もいろいろな人がいるでしょう。二〇年以上も教員を続けている「ベテラン教員」もいれば、いわゆる「新規採用教員」、つまり初めて教員になった人もいます。特別支援教育の経験のある人から、全くない人までいます。さらに、その学校での経験年数や教育に対する考え方もみな同じだとは限りません。

「教師同士の連携が大事です」と教育現場でよく言われます。そしてそのことを否定する人はいないでしょう。しかし、「連携」と口で言うのはたやすいですが、実際に実行できるかというと、みんな経験年数や状況も違う、考え方も違うという中で、何をしていけばいいんだろうと思うことが教育現場では往々にしてあります。

そんなとき私は、まず同僚と子どもの話をすることにしています。子どもが下校した後のちょっとした時間をとらえて「今日教室でこんなことがあってね……」と子どもの様子を話します。このときに、できるだけ子どもの様子を肯定的にとらえるようにしています。たとえば、「教室から飛び出してしまった」といった一見、問題行動のように思える子どものケースも、「あのあと廊下のポスターをじっと見たりしててね。あのポスターを見に行きたかったんじゃないかなあ」と自分なりの思いを伝えていきます。

また自分の学級の様子を話すだけでなく、「先生のクラスの様子はどうだった？」とか「あの子はどんな様子だった？」と尋ねたりもします。複数で指導をしていると、チーフはどうしても細かい点まで見ることができません。一方、サブはそれこそ子どものそばで子どものつぶやきなどを拾い上げることができます。

授業中にそうした情報交換までできればベストでしょうが、たとえ授業の後でも「今日の授業でAくんがこんなことをつぶやいていたよ」と話をするだけで共通理解は深まります。そして、「明日の授業の展開はこう変えてみよう」というように、次の授業の充実・改善につながることも多いことでしょう。

日常的に同僚と話をすることには、「授業」以外のことが多いものです。しかし、「授業」についてたくさん話ができる職場というのは、力がある職場だと私は思っています。ちょっとした時間を見つけて授業について話をしたり、情報交換したりする。これが教師同士の連携だと思います。

11　保護者から学ぶ

保護者と一口にいっても、これもまたさまざまです。最近はすぐ学校にクレームを付ける「モンスターペアレント」などという言葉も広まっています。しかし、私はやはり「子どものことを一番よく知っているのは保護者である」と思っています。

特に障害のある子どもの保護者の場合、障害がわかってからの子育ての道のりは、私たちが思う以上に大変だと考えて間違いないでしょう。まだまだ障害を受け止められずに「いずれは治る」と思っている保護者もいます。あるいは、通常学級で学ばせたかったが、仕方なく特別支援学校や特別支援学級に子どもを進ませた、という保護者もいるかもしれません。どんな保護者でも、まずは、保護者の気持ちを受け止めて話をしっかりと聞くことが大切だと思います。

そのとき、教師はよき聞き手であることが求められます。教師の中でも自分が話をするのは得意だが、なかなか相手の話を聞けない、というタイプの人がいます。そうしたタイプの教師は、いったん保護者とトラブルになると、なかなか保護者との関係を修復することができないことが多いように思います。

この先生はいつでも話を聞いてくれる。保護者が教師をこのように見てくれるようになると、保護者のほうからいろいろな話をしてくれるようになります。そうした保護者の話から勉強になることはたくさんあります。子どもの乳幼児の頃の様子、保育園や幼稚園時代の出来事、おじいさんやおばあさんとのかかわりなどを聞くと、「ああなるほど、だから今のあの子があるのだなあ」と妙に納得できたりします。

最近では保護者のほうがよく勉強されていて、さまざまな指導技法や理論に精通している方もいます。そうした保護者には、「いろいろ教えてください」と、こちらからどんどん聞いていくことがいいようです（もちろん並行して勉強をしていかないと「あの先生は何も知らない」などと言われてしまうことになったりしますが）。

保護者からの苦情も積極的に受けましょう。「どうなっているのか？」と保護者から苦情が来たときに、私はまず「言ってくれてありがとうございます」とお礼を述べるようにしています。そして誠実に対応することが大切です。

いつでもざっくばらんに話ができる関係になっていると、問題が生じても初期のうちに解決することができます。裏を返せば、コミュニケーション不足から来る誤解やささいな行き違いが、放っておくと大変なことになることが多いようです。いずれにしても「保護者から学ぶ」というスタンスを持って保護者に臨むことが重要です。

12 教師の常識を見つめ直す

「パニックを起こす子にどう対処すればいいですか」という質問がよく出されます。パニックとひとことで言ってもかなり激しい場合と、大声をあげる程度のものとあります。また、頻度も一日に何回も起こす子から一カ月に一回あるかないかの子までさまざまです。パニックは、子どもが好きで起こしているというより、「起こさざるを得ない」と考えるべきです。何よりもまず、「一番辛い思いをしているのは子どもである」という考え方を教師は持っていなければなりません。

パニックの原因はいろいろ考えられます。①おなかがすいた・ねむいなどの生理的なレベルのものから、②窓が開いているのを閉めたいが、席から立つと止められるなどの「こだわり」をうまく自分の中で処理できないときに起こすものもあります。また、③過去の経験が突然よみがえってしまうときや、④触られるのが嫌い、音がうるさいなどの感覚過敏のため耐えられなくなる、などさまざまな理由があげられます。

②については原因が特定できればパニックを事前に防ぐことができるでしょう。たとえば、移動教室で、お風呂から戻って「ブルーのシャツ、ブルーのシャツ」と大騒ぎしてい

る子がいました。それが引き金になってパニックを起こしそうだったので、私が「○○くん、それはこのブルーのパンツのことじゃないか」と説得（？）してみたのですが、「だめー！」と即座に拒否されました。その間、他の先生方が必死になって、ブルーのシャツを探して、他の子の袋の中に入っていたのを発見し、「あったー！」と、そのシャツをその子の前にポンと置きました。すると、いままでの混乱が嘘のように落ち着いて、そのシャツをたたみ、何事もなかったかのようにもとに戻りました。こちらが拍子抜けするくらい、あっという間に表情も変わったのです。

一方、①や③、④については、教師がどんなに努力をしても避けられない場合があるでしょう。このとき子どもは、信頼できる教師と一緒なら、ある程度まで我慢できることもあるようですので、普段の子どもとの関係づくりが大切になります。

パニックを防ぐということは、私たちが「子どもに合わせる」ということにほかなりません。子どもたちの目線や立場になって考えると、私たちが普通に過ごしている空間や時間の中に、子どもたちにとって耐え難いものが潜んでいることがわかってきます。こうした意味において、私たちは、学校にもともとあるルールを優先するのではなく、「子ども」を中心において教師の「常識」を見つめ直すことが大切なのだと考えます。

13 発達するチャンスを見逃さない

一昔前は、給食で嫌いな食べ物でも無理矢理に食べさせるといった、偏食の矯正をする指導も多かったのではないかと思います。最近では、そうした偏食は無理に矯正しない、という考え方が一般的になっています。

ただ、「ポテトチップスしか食べない」など、極端な偏食の状況は、その子の生活にとってあまりプラスになるとは思われませんから、そこは改善しようと試みるのは必要なことだと思います。

そもそも、嫌いだから食べないのか、食べた経験がないから食べないのかということも考えなければなりません。何回かほんの少しだけ口に入れることができると、「あ！　こんなものか」というふうに思えるようになり、嫌いだったものを食べるようになったという子どももいます。無理矢理食べさせるのではなく、教師との信頼関係の中で、教師に促されて口に運んで「食べる経験」をすることから始めましょう。

偏食指導をする際には、その子の認識発達の状況を考慮することも必要だと思います。

「みんなも食べている」とか、「先生はこれを食べなさいと言っている」ということを理解するにはある程度の認識力が必要です。つまり、偏食のある子どもがそうしたことをどのくらい理解できているかを見極めてから偏食指導の計画を立てなければならないと考えます。

あるとき、給食を全く食べない子がいました。主食はポテトチップスと白いごはん、焼いた鮭という子でした。給食の時間になり、目の前には給食が配膳されるのですが、この子は皿の下にフォークやスプーンを置いて、じっとしているのです。これは、この子なりの「食べないぞ」というサインでした。保護者からも「無理に食べさせないで結構です」という話でしたので、教師は無理に指導しようとしませんでした。その結果、この子は三年間給食をいっさい食べずに過ぎていきました。

でも、入学してから三年が経ち、この子は認識能力がとても発達してきました。ひらがなの読み書きや数の概念、他者への意識、コミュニケーション力など、認識発達に関係するさまざまな力が着実についてきました。そうした変化を見て、私はこの子とやりとりすることで嫌いなものも食べることができるのではないかと思い、給食指導を始めてよいかどうか保護者に相談しました。

保護者から了解をもらった次の日に、「○○くん、今日から給食を食べてもらうよ」と言ったら「イヤー」と牛乳びんを机にどんと置き、前の子どもの顔に牛乳が……。でも、この子の抵抗はそれだけでした。教師から「食べてください」と言われて、「食べないといけない」と思う力がこの子には育っていたのだと思います。

結局この子は四年生からほとんど給食を残さず食べ、高学年ではおかわりもよくするような子どもになりました。高学年でたくさんおかわりをしたので、低学年のときに全く食べなかったときの給食費を取り戻したね、と保護者と冗談まじりに話をしたことを思い出します。

もちろん、すべてこの子のようにうまくいくわけではないでしょう。しかし、強い指導をするだけでは見えてこない子どもの発達の奥深さを感じたケースでした。

子どもには、教師の指導がしみこむように入る時期があります。そうした子どもの発達するチャンスを見逃さず、子どもとかかわれる教師になりたいと思います。

第2章

学校生活が楽しくなる学校づくり・学級づくり

14 クラスづくりの基本

「学校を楽しくしよう！」まずはこう考えたいものです。学校は子どもが毎日来るところです。子どもにとっても、もちろん大人にとっても、つまらないより楽しいほうがいいに決まっています。「楽しいだけでいいのか」という反論も聞こえてきそうですが、ただ単に楽しいだけではなく、困難を乗り越える楽しさも含めて、楽しい学校づくり、楽しいクラスづくりを心がけたいと思います。

学校の特徴の一つは集団があることです。だからこそ、楽しいクラスづくりを考えるときには、集団を大事にしながら、集団の力を育てるようなクラスづくりをしていきたいと思っています。

少し前のことです。特別支援学級に一年生が七人入ってきて、この七人で一つのクラスを構成していました。ところが、この七人が入学当初は本当にバラバラで、指導者をほぼマンツーマンで付けても、必ず誰かが授業からはみ出してしまう、という状況が続きました。自分の非力さを思い知らされる日々でした。どうしたら、このクラスが一つにまとまるのだろう、といつも考えていました。

ある図工の時間、当時流行していたハム太郎のお面づくりをしました。ハム太郎の顔に色を塗って、はさみで切る、という作業です。もちろん自力でできない子どもには、手伝いながらやっていきました。でも、なぜかそのときは七人全員がその課題と向き合うことができたのです。好きな「ハム太郎」というところに、気持ちがいっていたのかもしれません。それはみんなにとって楽しいことだったのでしょう。そのあと、できたお面をみんなで付けて記念写真を撮ることもできました。そのときに、やっと「この七人みんなで授業ができたなあ」と実感したのを覚えています。

「クラスづくりの基本」とは何か。そう問われると「一人ひとりが主役で、なおかつ、みんなが力を出し合うことで集団の力が発揮できること」ということになるでしょうか。どんな子でも授業の中に必ず主役になれる部分を作っておく。できたこと、がんばったことをみんなの中で認める。友だちと共同する、協力することを教えていく……そんなことが浮かびます。

先ほどあげたハム太郎のお面づくりの授業のように、ちょっとしたきっかけでクラスがまとまるということも多いように思います。だから一人ひとりを大切にしながら、クラスみんなで「楽しい」ことを共有することが、集団を作り、集団の力を高めていくのだと思います。こうした集団の力を高めていくことがクラスづくりの基本です。

15 週案を立てる

多くの学校で週案の提出が義務づけられるようになってきました。そうした週案提出の義務化の是非はさておき、教師としては、行き当たりばったりではなく、計画的に指導を進めたいものです。そうした計画的な授業のマネージメントをしていくためには、やはり週案を立てることは必要なことだろうと考えています。

もちろん学校ですから年間指導計画や、月単位の計画もあるでしょう。しかし、教師としては、そうした一年、一月のスパンを考えながら、週の予定というのをきちんと押さえておくことが大切だと考えています。

「計画を立てても、その通りに行くとは限らない」ということも多くの教師が言うことです。しかし、そのことが週案を立てないでよいということにはなりません。いやむしろ、教師が計画を立てて授業に臨むことは最低限しなければならないことで、教師に求められることは「計画を絶対視せず、子どもをていねいに見ながら、柔軟性を持って週案を実行していくこと」ではないでしょうか。

週の時間割を作って授業を進めている学校は多いと思います。私は単元の見通しを立てる際にも週サイクルで計画を立てていくのが一番効果的だと感じています。「二週目では〇〇あたりまで、三週目には△△くらいまで進めたい……」というように展開をイメージしていくと、どの時期にどれくらいのことをやっていけばよいかが見えてきます。

そして、これが一番大切なことですが、立てた計画をできるだけ見直すことです。私は毎朝の打ち合わせのときに必ず週案を見るようにしています。必要に応じて修正し、今後の見通しを立てる、ということを週案を活用して行っています。

もう一つ、週案の利用方法として大切なことは、共通理解を図るためのアイテムにするということです。私の所属する特別支援学級では、担任の先生のほか、講師の先生や介添員の先生など、多いときには一〇人以上もの大人が子どもの指導にあたります。教師が集まり、じっくり打ち合わせをする時間などほとんどとれないのが現実です。

そこで、とりあえず週案をコピーして渡したり、みんなが見る場所に貼っておきます。こうしたちょっとした工夫で教職員の共通理解はだいぶ進んでいきます。

週案は管理職から「出せ」と言われて「書くもの」ではありません。戦略的に自分の実践を計画し、実施するためにあるのです。よりよい実践、授業づくりをするために、ぜひ積極的に週案を立てることにチャレンジしてください。

16　待つことの大切さ

特別支援教育が始まり、通常の学校でも「特別な教育的配慮が必要な子どもをどう指導していくか」ということが職員室でよく話題になります。そうしたときには、自閉的傾向のある子どもの例を挙げて話します。

授業中、子どもがぱっと席から離れてドアの所に歩み寄りました。ほんのかすかにドアが開いていて、その子はそのドアをぴたっと閉めると、また何事もなかったかのように席に戻っていきました。

このような子どもを見たときに、先生は、「子どもが席から離れたからその行動を止めなきゃ！」と思い、子どもを席に座らせようとします。でも、子どもは「ドアが気になるのに、どうして止めるの？」と思い、ますます混乱してしまうでしょう。もちろん、すべてがそうだとは言いません。授業がいやになって席から離れる、トイレに行きたくて席から離れる、となりの教室から聞こえる音が気になって席から離れるなど、いろいろな場合が考えられます。

こうしたときには、安全面に配慮しながらも、「待てるときは待って子どもの行動を見る」というのが有効のように思います。先ほどのケースでも、待つことができれば、「ドアが気になったんだな」とわかります。逆に、いつも席から立つたびに教師が制止していたのでは、席を立つ理由はわからないままです。

また、子どもがちょっとでも活動に間をあけると、「ここはこうでしょ！」「ここはこうやるの！」と「待てない」教師もいます。子どもからすれば、「あ〜あ、もうちょっと待ってくれたら自分でやったのに……」という気持ちになるかもしれません。そんなとき、教師が「まったくちゃんとできないんだから……」と思っていたとしたら、教師と子どもの気持ちがなんと離れてしまっていることか、と残念に思います。

「待つことの大切さ」というのは、学校現場ではよく指摘されることです。しかし、教師にとって「待つこと」はそんなにたやすいことではありません。どうしてあの先生は手を出さないの？　あの先生は何も指導してないじゃない、などという周りの声や、何か子どもに指導していないと仕事をしていないかのように感じるといった不安が、「待つこと」を邪魔しているのではないかと思います。

もちろん「待って」子どもが逃げていってしまったり、行方不明になったり、怪我をしたり……ではお話になりません。「待つこと」は、教師のある程度の見通しと状況の理解があって、はじめてできることだということを忘れてはなりません。

17　教師が黒子になる

「先生と一緒にやる」ということは、最初の段階では非常に大切です。しかし、指導が進んだ子や生活年齢が上がった子にまで、「先生と一緒にやる」というのはどうでしょうか。

私が教えている特別支援学級では、学芸会のときに学級で劇を行っています。小学校の通常学級も参加している中で、特別支援学級でも、教師が舞台の上に立たずに子どもだけでやらせたい、という思いがあります。見る側からしても「先生と一緒にやっている」のと「一人でやっている」のでは、印象が全然違います。教師がついて一緒にやっていると、どうしても子どもがやらされているという感じをぬぐえません。

ところが、すべての子どもが指示だけで、教師の支援なく一人で舞台に立つことができるわけではありません（当然ですが）。ここが教師の腕の見せどころです。

体が隠れるほどの大きな大道具を作って、そこから指示を出す。わかっている子どもたちにフォローさせながら劇を進行させるなど、工夫の余地はいくらでもあります。段ボール箱で電車のようなものを作り、それを舞台袖からひもで引っ張って子どもを動かしたこともありました。なかなか退場できない子どもがいたときは、「嵐のシーン」を作って、大きな布で子どもを包み込むようにして退場させたこともありました。

子どもが「一人でやる」というのは、子どもの実態に応じて考えなければいけませんので、いままで書いてきたやり方がすべて有効とは限りません。しかし何か工夫できるところはある、というのが私の実感です。その結果、「一人でやっている」ように見える状況を作ることができるのです。そして、周りから「一人でできてすごい！」「上手にできたね」とほめられると、それが子どもの自信になっていきます。

教師が「黒子」になるのは、卒業式の証書授与などでよくやられていることではないでしょうか。幕間に教師が待機していて、そこで声をかけながら子どもの動きをフォローしていくということは、教師が子どもにすべき「正当な支援」です。

「黒子」は誰でもいいというわけではありません。子どもの学校での経験も大切になってきます。黒子の意図を子どもが理解できるように、どのようなしぐさで子どもを誘うかなどテクニックも必要です。しかし、最終的には、「こうフォローすればこの子は必ずやってくれるだろう」と子どもを信頼することが何よりも大切だと思います。その意味では、日頃から子どもから信頼される人間関係を築いておくことが大切です。子どもが信頼して応えてくれたとき、「黒子」は子どもと同じくらいうれしいものです。

18　学級通信を活用しよう

どの学校や学級でも学校だよりや学級通信を出していると思います。せっかく出すのですから、ただ「出している」だけというのは、もったいない気がします。ここでは、学級通信の効果的な活用の仕方について考えてみましょう。

学校を開かれたものにする、公開していく、ということはよく言われることです。また保護者との連携が必要だ、ということもよく言われています。その具体的なツールとして学級通信が活用できます。

学級通信の特性は、「速報性」にあります。どんなにいい出来事や情報があっても、時期を逸してしまっては効果が半減します。保護者に何か伝えたいことがあったときは、その日のうち、あるいは遅くても次の日には出すようにしましょう。「遠足に行きました」「調理をしました」など、やったことをできるだけ早く保護者に伝えることで、保護者も「我が子はこんなことをしてきたんだな」と思い、家庭でも話題にしてもらえます。

また、「ねらいや目標を伝えること」も学級通信を通じてできることです。保護者は学級で「何をやっているのかわからない」「どうしてそれが必要なのかわからない」という疑問を持つものです。そんなときには、先手をとって「このようなねらいでやっています」と学級通信で伝えるのが効果的です。たとえば「交流授業について」とか「運動会の演目について」など、学校、あるいは学級として明確なねらいをきちんと出しておくことで保護者の理解も得やすくなります。

さらに、「学校の様子を伝えること」も学級通信の役割です。教師が思うほど学校のことは保護者に伝わっていないものです。ですから、私はできるだけ学校生活や授業のことを学級通信で伝えるようにしてきました。文章が苦手ならば、最初は写真を多く使うのも一つの手でしょう。そういう姿勢で学級通信を出していると、保護者もこの先生は子どもの様子をよく伝えてくれると受け止めてくれることが多くなります。

「なかなか書くのはしんどくて……」「とても書く時間がなくて……」と思う先生も多いことでしょう。しかし、慣れてくると短報なら一〇分程度で書けるようになります。最初は大変でも、トライすることをおすすめします。

最後に一つ。私の学級では、学級通信のタイトルを子どもに書かせることがあります。子どもが書いた字が通信の中に一つでもあると雰囲気が変わったり、それを励みにする子どもがいたり、保護者が喜んでくれたり……と意外と少ない労力で得るものが多いものです。忙しい教育現場、そうした効果も考えて学級通信を作成したいものです。

19 掲示物を工夫しよう

教室掲示は、担任としての腕の見せ所の一つでもあります。ただ最近は、「自閉症児には、余計な刺激はないほうがいい」という理由から、掲示は極力少なく、最小限に控えたほうがよい、という考えもあります。掲示が必要かどうかは、子どもの実態によりますが、ここでは掲示物の意味を少し考えてみたいと思います。

掲示物でよくあるのは子どもが図工で作った作品や行事の写真です。掲示をするのには、いくつかねらいがあると思います。

まずは、子どもにとっての学習材としての掲示物。たとえば、校外学習に行った次の日に廊下に写真を張り出しておくというのがこれにあたります。登校してくると子どもたちが写はこうした写真をよく見ています。前の日のことをまだ覚えているときに子どもたちが写真を見ると、「ああそうそう、昨日はこんなだったなあ」と振り返っているかのような姿を見かけます。もちろん自分が写っているということに注目する子、写っている電車やバスなど乗り物に注目する子と、反応はさまざまです。その反応を次の学習にできるだけ生かすようにしてきました。これが事後学習の充実につながります。

次に、保護者や学校の先生方に向けて、子どもの成長を見てもらう掲示物。当然、子どもたちのよさがよく出ている作品を掲示したいものです。また、場合によってはただ貼るだけでなく、台紙に貼る、パネルにして展示するなど、「見せるための工夫」も必要です。

さらに、地域や関係者など、不特定多数の方に見てもらい、学校や学級をよく知ってもらうための掲示物。特別支援学校などでは学校の入り口近くによく掲示されています。こうした掲示物のポイントは「シンプルな説明を入れる」ということです。

私のクラスでは、「遠足」「社会科見学」「運動会」等、行事や学習の折々に、八つ切の色画用紙にデジタルカメラで撮った写真を貼り、「○月○日、△△△をしました」とコメントを付けて掲示します。職員室前に通常学級の子どもも含めた各学年の掲示板があるので、そこに貼るようにしています。スペースはたくさんあるわけではないので、新しいものにどんどん貼り替えるようにしていきます。

昨年度の掲示物は、教室そばの大きな掲示板に貼るようにしています。そうすると学級に見学に来た人に学級の一年間の流れを説明しやすくなります。一年間貼る掲示物には、上から透明なフィルムを貼るなど、汚くならないような配慮も必要です。

このように、ねらいを明確にし、効果的な掲示物を心がけましょう。

20　研究授業・公開授業を大切に

どの学校でも最低、年間に一回程度は研究授業を行っているのではないでしょうか。また、学校の公開性が言われている昨今、学校公開日など、広く地域から参観者が来る日も多くなってきました。

授業をする側としては「めんどくさいな」「忙しくてそれどころではないよ」「あまり意味がない」などという気持ちを持っているかもしれません。しかし、私は、授業の充実をねらいにして、自分にとってプラスになる研究授業・公開授業にすることは可能だ、と考えています。そうすることで、どうせやらないといけない研究授業・公開授業でも、何か得になることもあるかなと思えるようになってきます。

自分にとってプラスになる研究授業・公開授業にするためには、「この授業では○○を明確にする」というようにテーマを絞って実施することが大切です。研究授業を通して、少しでもこのねらいを達成しようと考えると、やり甲斐も出てくるのではないでしょうか。

研究授業・公開授業が敬遠されるのは、授業をする教師の負担が大きいからだと思います。そのため、研究授業の準備を少なくしていく工夫も大切です。たとえば公開授業では、指導案はA4一枚程度の簡単なものにするとか、表示は何度も使えるように最初に丈夫に作っておくとか、教材は時間のあるときに常に整理しておくなど、労力を少なくする工夫は必要です。場合によっては管理職にも理解を得ながら、余計な労力を極力省略していくことを考えましょう。

教師は、毎日授業を行っているわけですから、A4一枚程度の略案は、すぐ書けないといけないと思います。チャンスを見つけては、略案を書き、それを印刷して管理職や同僚に配って、「時間があったら見に来てください」とやっていくのです。このようにして、自分自身が研究授業の敷居を下げていくということが大切です。

また、一年に一回ぐらいは、本格的な指導案づくりをしたいものです。指導案を書くことで、改めて自分の授業を客観的に見つめ直すことができます。また、授業の構想を文章化することで、授業そのものを深く理解することにもなり、これは、授業の充実につながります。

このように、研究授業・公開授業は、まずトライするという前向きな気持ちでやっていくことが必要なのではないかと考えます。自分の授業を公開し、いろいろな意見をもらうことで、教師はいつでも新鮮な気持ちで授業と向き合えるのだと思います。

21 管理職とつながる

管理職がなかなか理解してくれない。うちの管理職は頭が固くて、あれもこれもすぐダメだと言われる。管理職からどんどん仕事を振られて授業どころではなくなっている……など管理職に対しての不平不満（？）はよく聞かれることです。教師も人間ですから、この管理職とはどうしても合わない、ということもあるでしょう。しかし、そういった気持ちでいると、なかなか管理職とつながることは難しくなります。

学校は一人で成り立っているわけではありません。子どもがいて、教員がいて、用務（学校）主事さんたちがいて、そして管理職がいて、そうして学校が成り立っているのです。「子どものため」「学校がよくなるため」に、そうした人たちが力を合わせることが大切だと誰もが思うことでしょう。このためにも、管理職の理解を得て、協力してもらえるような努力を惜しんではいけないと思っています。

そもそも教育行政という世界では、文書がものをいいます。管理職が「口頭ではなく、文書で提出してください」というのは、ある意味当然のことです。文書の作成を渋っていては物事は前に進みません。多少の労力はかけても、文書化して、それを持って相談に行くだけで管理職の対応は違ってきます。管理職が学校を代表してやりとりしている教育委員会などは、もっとお役所的であることが多いことを私たちは理解する必要があるでしょう。

一方、管理職には、子どもや授業に関心を持ってもらうというアプローチも重要です。管理職は、私たちが思っている以上に忙しかったりします。「うちの管理職はほとんど学校にいない」という話もよく聞きますが、何かあると電話一本で教育委員会に呼び出される校長先生も大変な仕事をしているなと思うときがあります。

ですから、学級通信や学年の便りなどを、管理職に見せたり、適時性をとらえて掲示物を貼るなど、短時間で管理職に情報を伝える工夫をしましょう。校外学習などで、管理職が子どもたちと同行するときには、できるだけ子どもの様子を見てもらい、教師がたくさん説明をして、理解してもらうようにしましょう。特別支援学級の場合は、こうしたアプローチがとくに重要です。

最近は、通常の小・中学校でも、特別支援教育に関心を持つ管理職が増えてきました。どんな管理職でも、「子どもたちのため」という一点で共同・協働できることは多いです。子どものために、あるいはより良い授業のために、「管理職といかにつながるか」を意識して、協力体制を作っていきましょう。

22 校内の教師と協働する

学校現場は年々忙しくなっている、というのが正直なところです。そのような中、一個人でやれる仕事には限界があります。ですから、学校の教職員みんなが協力して仕事をしていくことはとても重要なことです。しかし、実際にどれだけ協働ができているかというと、まだまだ改善の余地があると思います。

学校行事の前、たとえば運動会や学芸会の準備などは、学校の職員全員で行うでしょう。こうした行事前の学校の協力体制を当たり前と感じている人も多いかもしれませんが、その仕事を一人でやると仮定してみてください。とても決められた時間でできるものではありません。このような例を考えるだけでも、やはり集団の力は大きいものだと思えるでしょう。私たちはこのことをまず押さえておく必要があります。

教師にもいろいろな人がいます。パソコンが得意な人もいれば不得手な人もいます。体を動かすことが得意な人もいれば、文書を書くことが得意な人もいるでしょう。ベテランから若手まで、それぞれ長所・短所を持っています。それをいかに組み合わせてより効果的に学校を運営していくかを考えることが重要です。

これは管理職や教務主任が考えることかもしれません。しかし、そうした目を養っておくことはすべての教師に必要なことです。「このことは○○先生が詳しいから聞いてみよう」「このやり方は△△先生が知っているから聞いてみよう」など、得意な仕事を割り振っていくことができれば、それは協働につながります。

一方、同じ学級や学年で仕事をしている教師との連携ともなると、実際の授業づくりや学級の仕事の分担など、協働してやるべきことは星の数ほどあります。このときの同僚教師との協働のポイントは、①気遣い、②平等性、③感謝、ではないかと考えます。

こちらの都合で何か頼みたいときなどは、やはり気を遣って、相手の負担が過多にならないように気を配りたいものです。このとき、お願いするタイミングも重要です。

また、複数で仕事を行う際に「平等である」ということも大切な点です。単に仕事を数量的に平等にするという意味ではなく、個人個人の力量や状況によってある程度みんなが納得できるような割り振りをすることが大切です。

当然のことですが、手伝ってもらったこと、協力してもらったことには感謝の念を伝えましょう。親しき仲にも礼儀ありです。人間は感情の動物でもあります。「昨日はどうもありがとう」の一言で、次回もまた手伝ってあげよう、という気持ちになるものです。

23 地域とのつながりを持つ

「地域との連携」という言葉が学校現場でもよく言われるようになってきました。子どもたちを取り巻く状況は学校だけで解決できるものではありません。だから家庭や地域と連携していく必要があるという理由から、地域が主体となって学校を運営する取り組みも進んでいます。

地域によっては、古くからの伝統行事があり、地域の行事に積極的に関わってきた学校もあるでしょう。また、「地域とつながる」といった観点から地域のさまざまな行事に学校の教師が代表して参加することも多くなってきました。もちろん、中には「忙しくてそこまで手が回らない」「管理職に言われて仕方なく出た」ということもあるでしょう。また、日頃の授業をほったらかしにして地域行事にのめりこむというのでは本末転倒です。

それでも、やはり地域とのつながりは大切にしたいものです。その理由は、子どもたちや保護者の方々が住んでいる地域であり、子どもも保護者も地域の一員であるのだから、地域を意識して子どもを指導することが何よりも子どものためになるからです。

また、学校の教職員には異動がありますが、地域の人にはそれはあまりありません。だからひとたび地域の人たちが学校のよきサポーターになってくれると、学校にとってこれほど心強い支援者はいないということになります。

では「地域とつながる」ために、具体的に何から手をつけたらいいのでしょうか。学校の顔として校長先生など管理職は、地域の方と関係を築いていることが多いです。管理職にお願いして、地域で開かれる会合の席や、地域のイベントにまず顔を出してみるというのが一つの手です。

学校が忙しくてそんな余裕はない、ということであれば、学校行事を積極的に活用するのも手です。たいがい地域の方には招待状を出していますから、そうした場面で地域の人に声をかけたり、学校のことについて話をするだけで「つながり」の第一歩を踏み出せます。

また、地域の公民館などに文化祭の出品をするという方法もあります。私の学級では、元ＰＴＡ会長さんが、地域の学校を回って作品展示をしていたのですが、「先生の学級も出してみませんか」と声をかけられたのがきっかけで、公民センターの文化祭に毎年出席しています。こうした取り組みに学校や学級が参加をするということは、地域の方々に特別支援学校・特別支援学級の存在を知ってもらうきっかけとなるのは間違いのないことです。

また、そうした地域の文化的行事に参加してみると、地域のサークルやら団体やら、それこそ多くの人が地域で活動していることを知って驚くことでしょう。地域の人とふれあっているときに、「先生の学校の卒業生だよ」とか「うちの息子が先生の学校でお世話になった」という声を聞くこともたくさんありました。そうした声を聞くと、やはり学校も地域の一員であることを実感します。そして、そうした声を頼りに、地域から得られる支援の輪を広げていくことが大切だと考えます。

第3章

授業づくりのコツを教えます

24 授業のねらいを明確にする

この章では、具体的な授業づくりについて考えていきましょう。

まず、最初の基本原則は「授業のねらいを明確にする」ことです。

何の授業をするにせよ、そこには目的（ねらい）がなければなりません。そのねらいがなかったり、あいまいなままだと、どうしてもその授業は子どもたちに伝わりにくいものになってしまいます。授業の中で行われるすべての学習活動が、そのねらいに合致しているか、ねらいを意識したものになっているかを常に検証したいものです。

教材が出てきた↓教材に子どもたちが関心を向ける↓その教材で子どもたちが楽しく活動している。このように書くと一見良い授業のように聞こえます。しかし、実際のところ、子どもは楽しく活動しているだけで、その時間に何を獲得したのかわからない授業もあります。授業のねらいが「楽しく活動する」ということならばよいですが、「1〜3までの数を理解する」とか「作業の手順を覚える」というようなねらいがあるならば、そのねらいを実現していく授業展開を考えなければなりません。

たとえば、図工でマーブリングをしようと思い、

①　この授業で子どもにつけたい力はなにか……マーブリングを一人でできるようになってほしい。できるだけ自力でできることを目指す。

②　授業のねらいをどうするか……マーブリングを（できるだけ）自力でできるように、どのような色にするかを選ぶ。

③　ねらいを達成するための手立てはなにか……子どもの実態を把握して、一人ひとり違うアプローチを提供する。

④　授業の一時間の流れをどうするか……導入（つかみ）・展開・まとめの流れを考え、次回の授業につなぐ。

というような授業を考えました。そのとき、Aくんには言語指示だけ、Bくんにはお手本を示す、Cさんには部分的に一緒にやってあげるなど、ねらいを意識しながら、一人ひとりに対するアプローチを変えていきます。こうすると、共通のねらいを持って授業をするけれども、個別の到達点や支援の方法は異なる実践を提供することができます。

このように授業づくりをする際には「つけたい力」「ねらい」「手立て」「流れ」の四つについては最低限考えたいものです。指導案はそのことを明らかにするツールだと考えます。指導案を書かない授業でも、「授業のねらいが明確ではない授業は良い授業ではない」と肝に銘じ、このポイントは落とさずに授業に臨みたいものです。

25 わかる喜び・できる喜びを大切にする

できなかったことができるようになった、わからなかったことがわかるようになったという実感は、子どもにとってもうれしい出来事です。学校の活動の中では、そうした場面を大切にしたいものです。

というのは、教師はどうしても子どものできない部分に目がいってしまい、「どうしてできないんだ」という気持ちで子どもに応対しがちだからです。こうした応対をする教師は、すでにその時点で、「できるのが当たり前」という気持ちで子どもを見ていて、本当は子どもが頑張ってできたことでも、あまり評価をしないまま過ぎていってしまうことがあります。

だから、教師はまず、できたことをほめましょう。たくさん子どもをほめるためには、子どもにわかりやすいいろいろなほめ言葉を持っているといいです。「すごいね！」「やったね！」「できたね！」「ナイス！」「グッド！」「オッケー！」など、常に賞賛のことばを忘れないようにしましょう。

そして、「わかってできたこと」はさらに評価をしましょう。「すごいね。○○がわかってできたね」というように、そのことをしっかりと評価することが大切です。場合によっては「○○くんは△△△がわかってできました。すばらしいです」と周りの子どもに伝えるようにして評価することも有効です。

実際のところは、すべてできていなくても、少しでもわかったことがあったら、そこもほめましょう。「○○くんは今回はできなかったけど、ここのところはわかってやれていたね」など、です。

実は、この賞賛こそがわかる喜び・できる喜びを大切にする第一歩です。もちろんそれは子どもをしっかりと見ていなければできませんので、教師は自ずと子どもをよく見るようになります。子どももほめられることで伸び、教師を信頼していきます。

授業づくりにおいても「わかること・できること」を中心に組み立てることが原則です。そのため、教師はまず授業の中で、子どもができること・わかることをしっかり把握することが大切です。ピントのずれた授業は、子どもがわかっていることを押さえ、そこよりも少し上の課題を設定して子どもに挑戦させてみる、という設計がうまくいっていないのだと思います。

繰り返しの学習が大切、と毎日毎日同じ授業をやるのではなく、「新しいことができた・わかった」という喜びを授業の中で味わえるようにしたいものです。

26 子どもがやりたいことを見定める

授業をしていると、教室から飛び出していったり、授業と全く違うことを始めたり、ささいなことで子どもがパニックになってしまって授業にならなくなった、というようなことはありませんか。このような「授業に参加しない子」へはどのようにかかわっていけばよいのでしょうか？

授業を複数の指導者で担当している場合は、授業の進行役ではない先生に「授業に参加しない子」を見てもらうというのが一般的な対応かと思います。ただし、ここで無理に「教室に連れ戻そう」とすると子どもからの強い反発にあうことも多くあります。

そもそもその授業に興味・関心が持てなかった、やりたいことが他にあった、気分がのらなかったなど、授業に参加できない理由は、その子なりにあるはずです。ですから、「子どもに寄り添う」というスタンスが教師になければ、子どもと教師の関係は深まることはなく、いつまでたっても子どもが授業に参加してくれるようにはならないでしょう。

私は、授業に参加してくれない子どもに対しては、思い切って子どものやりたいようにさせて状況を見ることをしてもよいのではないかと思っています。場合によっては、「この授業は部分的にしか参加できなくてもいいや」というくらいの気持ちで子どもの観察に徹することも有益である場合があります。

もちろん、そうした観察をする一方で、「授業に参加できるような工夫」も考えていかなければなりません。子どもの様子を観察しつつ、次回の授業に入れるような対応策を見つけることが大切です。場合によっては授業のねらいが適切だったのか、子どもに対する支援・指導の方法は適切だったのか、という点を吟味し、授業の内容を大きく変更する必要があるかもしれません。

また、他のものに関心がいってしまって授業に参加できないような子どもは、関心を持っているものを事前に取り除くだけで、あっけなく解決する場合があります。たとえば、机の引き出しの中の本を読みたい、消しゴムで遊びたい、教室の壁に貼ってあるポスターが見たいなどのケースです。こうした子どもに対しては、座席の位置や黒板との距離などを改善することで授業に参加してくる場合も多くあります。

このように、子どもは教師との関係や環境を少し変化させるだけで、授業に参加できるようになることがあります。「授業に参加しない子ども」と見るのではなく、子どもは何をしたいと思っているのか見定めることが大切です。

27 「みんな」を活かす授業づくり

学校の大きな特色は集団があることです。特別支援教育では、一人ひとりを丁寧に見ていくことから、個別の指導に力点が置かれがちですが、一方で、学校だからこそ集団の力を活かす授業について考える必要があるのではないかと思っています。

そもそも個別指導だけで伸びるならば、一対一で先生をつけて家庭で指導をしていけばいいと考えることもできます。だからこそ、学校では、「友だちや先生が一緒にいる」ということを積極的に受け止めたいと思っています。

集団を活かすには、まずは他者を意識したり、他者に関心を向けることが第一歩です。私の学級の朝の会では、日直が名前を呼んで友だちや先生と握手をします。言葉の出ない障害の重い子どもも、日直になると先生が名前を呼んで握手をさせていきます。そうすると最初は「させられている」感じだったのが、なんとなく「している」という感じになり、「自分からする」というように変化していきます。

このように、学校では、どの子にも「みんな」の中で中心となって活動する場面を設けることが大切になってきます。できない部分は教師が援助をしながら、「今日は○○くんが日直」「この仕事は△△さんにやってもらおう」など、「みんな」が「みんな」を認め合うような雰囲気を作っていくことが教師の仕事ではないか、と感じています。

名札配りを子どもにお願いしたときのエピソードです。「○○くんはできないよ」との声が他の子どもから上がりました。その声を聞いた教師は、「みんながこっちこっちとアピールすれば○○くんにもできるんじゃない？」と提案してみました。すると、○○くんはちゃんと名札配りができたのです。「できないから……わからないから……」ではなく、「みんな」の中で認め合う関係づくりを大切にする。それこそが「みんな」を活かすことになるのではないかと思っています。

こうした実践をするためには、休み時間などでの友だちとの日常のかかわりや人間関係について教師間で情報交換しておくとよいでしょう。授業のときに、意外とそうした情報をうまく活用することができるときもあります。

私は「どの子もクラスの主人公」であり、先生も含めた「みんな」の中で活動しているということを意識しながら実践してきました。いつも脇役になっている子どもはいないか、主役にばかりなっている子はいないか、孤立している子はいないか……。丁寧に目配りをしながら、クラスの「みんな」が主役になれるような授業づくりや学級づくりをしたいものです。

28　おもしろい授業・楽しい授業をするには

授業づくりの基本理念として、私は次の五つをいつも考えています。

① 子どもがおもしろいと思う授業を――おもしろい授業・楽しい授業。
② みんなでいっしょにやる授業を――一体感・共感のある授業。
③ 課題が明確である授業を――ねらいがはっきりしている授業。
④ 丁寧に言葉を添える授業を――概念化の手がかりとして「ことば」を大切にする授業。
⑤ 満足感を得られる授業を――学習したという手応えが感じられる授業。

特に、「おもしろい授業・楽しい授業」は子どもの授業に対する意欲を高めるために大切な点だと思っています。

こういうと「楽しいだけでいいのか？　おもしろいだけでいいのか？」と反論されそうですが、もちろん楽しいだけで中身がないというのでは困ります。始めは楽しくない活動でも、努力を積み重ねていって成就したことからくる「楽しさ」もあります。

私がよく取り入れているのは、「あ！」と思うような意外性のある導入です。

たとえば絵や写真を提示するときに、それを上下反対にして出すなどをすることがあります。「先生反対だよ！」などと声がかかれば成功です。何か見せるときに袋に入れたり、箱に入れたりして「さて、ここには何が入っているでしょう？」というのもよくやります。ちょっと視点を変えて「なんだ？」という演出をしていくわけです。

また子どもたちは「やりたがり」であることが多いです。活動する時間を保障することが大切です。たとえちょっとの時間でも、実際に触った、動かした、という体験は、「やって楽しかった」という満足感になっていくはずです。

「見ていてね」「さわらないでね」「あとでね」ということが子どもの意欲を低下させるということがたくさんあります。こうした授業は計画通り進んでいきますが、子どもにとってはおもしろくない授業なのでしょう。

もちろん、子どもたちに好き勝手にやらせてしまうと際限なくそのことばかりやってしまうということもあります。ですから、「おもしろい授業・楽しい授業」をどう展開していくか、現場ディレクターとしての教師の力量が問われる場面でもあります。

こうした授業展開ができるのは、持って生まれた才能もあるかもしれませんが、それよりも、「場数を踏む」ということが大きいのではないかと思います。子どもがたくさん活動しながら、その中で教師が指導力を発揮する。これがおもしろい授業・楽しい授業だと考えます。

29　子どもの思考活動を作る

授業の中で子どもたちに育てていきたいものは、やはり認知・認識の力だと思っています。だからこそ、授業中の子どもの思考活動は大切だと考えています。

教師の中には経験したことのある方もいるかもしれませんが、子どもが「頭を使って考えている」とわかるときがあります。頭がくるくると動いている、そんな感じです。おそらく、脳内のシナプスが活性化して、伝達物質が動いてつながったのであろう……と、そこまで想像するかは別にして、たしかに、子どもは頭を使っていたな、と感じるときがあります。

では、どうしたらこういう思考活動を授業の中に作ることができるのでしょうか。楽しく活動しているだけでは、頭を使ったことにはなりません。前のコラムで紹介したように、名札を上下反対に貼られているのを見て、「あ！　そうじゃない」と気付き、正しく貼り直している子どもは「頭を使っている」と感じるところです。

つまり、「あれ？」と考えさせるような活動を意図的に入れていくことが、子どもの思考活動の原点です。

たとえば、人数確認のために、1から10までの数字カードを子どもに手渡すような場面では、その活動を確実にできる子にはわざとカードを何枚か抜いて渡すことがあります。いつものように活動を始めた子どもは、あるはずのカードが「ない！」とわかり、どうしようか考えるわけです。「カードがありません」と指導者に要求するか、カードを探すか、知らん顔するか……。そういう局面を子どもがどう打開するか、それぞれの子どもの個性がよく表れる場面でもあります。これが思考活動です。

こうした思考活動を保障していくには、教師は「待つこと」が大切です。子どもの思考活動は私たちと同じペースで進んでいくとは限りません。教師自身の時間感覚で手や口を出してしまうのではなく、じっと待ってみること。この「待ち」の中に思考活動が生まれることがあります。

こんなふうに工夫したら、考えていたね。あそこで子どもは頭を使っていたね。いやあ、あそこはほとんど考えていなかったな、などという情報を教師間でやりとりしながら、複数の目で子どもが「考えている」場面を評価していきましょう。

障害があろうとなかろうと、「かしこくなること」への喜びは誰だって持っています。自分の頭を使って考え、活動することが「かしこくなること」への道筋ならば、子どもの思考活動を作ることが、授業づくりの生命線であると言えます。

30 教材研究と授業の準備はしっかりと

「どうすれば良い授業ができますか?」と問われたら、迷わず「教材研究と授業の準備をしっかりとやってください」と言います。これは忘れてはならないことです。

どんなベテランでも教材研究と授業の準備をしなければ良い授業はできません。ベテランになれば、過去にしっかり研究した教材を使い回すこともできます。また、授業の準備も「何と何がこの授業には必要」とすぐにピンときますから、新人の教師と比べれば、その時間は短くて済む、ということは考えられます。

しかし、教材研究や授業の準備を全くやらないで授業ができるはずがありません。もし、何もしないで授業ができているのならば、それは授業ではなく、ただ単に時間をやりすごしているだけではないかと私は思います。

こんなことを言うのも、私には苦い経験があるからです。

人知れず「なかったことにした授業」があります。書くことも恥ずかしいのですが、それは図工の授業でした。トイレットペーパーで紙粘土を作る授業で、まずはみんなで楽しくトイレットペーパーを引っ張って、伸ばして、ちぎって……、と授業は楽しい活動いっぱいでスタートしました。その後、それを水につけて、そこにのりをどんどん投入し、紙粘土になるはずが……いつまでたっても硬くならない。ずっと水の中に紙が溶けている状態でした。

「これは少しおいておけば硬くなる」などと子どもたちには説明して、紙を溶かした容器を外においてその授業は終わりました。ところが、次の日に雨が降ってしまい、「あっ！」と気がついたときには、バケツの中は水でいっぱい。粘土状になるはずの紙は水に溶けてなくなっていました。

失敗を悟った私は人知れず穴を掘ってそれを埋めてしまいました。子どもたちには、教師の失敗をどう説明したらよいのかわからず、「今回は○○をやります」と言って違う授業をしてしまいました。子どもから「先生、あの紙粘土はどうなったの？」と突っ込まれていたら……と思うと一〇年以上たった今でも情けないやら恥ずかしいやら……。

このようになった原因は、あとからよく調べてわかったのですが、紙を水で溶かして紙粘土にするには、教師が思っている以上に大量ののりが必要だったのです。この授業の失敗は最初から決まっていたのです。この一件は「教材研究と準備の大切さ」を痛烈に思い知らされる結果となりました。そして、この授業以降、私は教材研究と授業の準備はしっかりやるように心がけています。

31 教科の特性に応じて ①ことば・かず

ここで、教科学習について少し考えたいと思います。特に知的障害児教育では、いわゆる教科といっても、通常学級における教科とは異なる、知的障害児に「特有」の教科であることがほとんどです。

たとえば「ことば・かず」の指導でも「日常生活にすぐに役立つから」という理由で時計や金銭の学習を算数の時間に取り上げたり、履歴書を書く練習を国語でしたりという「ことば・かず」も見受けられます。

こうした指導を行うこと自体を否定するつもりはありません。しかし、筆者はあくまでも通常教育から連続した「知的障害教育における教科」として「ことば・かず」の指導を考えることが大切だと考えています。つまり算数なら「数量や図形に関する初歩的なことを理解し、それらを扱う能力と態度を育てる（学習指導要領）」こと、国語なら「日常生活に必要な国語を理解し、表現する能力と態度を育てる（学習指導要領）」ことが教科指導だと考えます。つまり、「理解する」ことに力点を置き、「認識を育てる」教科として授業を作ることが必要だと思います。

たとえば、「かず」の学習では「数の系統性」を考えながら学習を組んでいきます。「一対一対応」→「3までの数」→「5までの数」→「10までの数」→「和が一桁の足し算、差が一桁の引き算」などのように系統性を意識して教材を考えます。

ただし、知的障害児の場合、「行きつ戻りつ」の指導が大切であり、通常学級のカリキュラムのように一直線で学習を進めることは困難を極めるでしょう。また発達差が大きい集団で授業を行う場合、同じ教材を使いながらも、ある子どもには一対一対応、別の子どもには足し算などというように、個々の子どもへの課題を変えながら進めていく必要があるかもしれません。

また、「ことば」の指導では、おおまかに「話し言葉が獲得されていない」「話し言葉は獲得されているが、書き言葉が獲得されていない」「話し言葉も書き言葉もある程度獲得できている」というような系統性を意識しながら子どもを指導しています。活動を入れながら障害の重い子どもにも物語の学習を保障していけるとよいでしょう。

系統性を意識した「ことば・かず」の授業を展開するためには、①子どもの実態を捉える、②算数や国語の課題を明確にする、③その課題を達成するための授業づくりをする、という流れを作ることが大切です。活動だけ、操作だけといった授業とならないような注意が必要です。

32 教科の特性に応じて　②音楽・図工・体育

ことば・かずが「認識教科」なら、音楽・図工・体育は「技能教科」ということができます。「認識教科」と同様に、「技能教科」でも、どの子どもにも豊かな表現活動を保障し、授業を受けて楽しかった、充実した、という満足感を持てる授業づくりを進めたいものです。

音楽では、ダンスなどを取り入れて自由に体を動かしたり、表現する楽しさを子どもたちに味わわせていきたいと思います。楽器で演奏することが難しい子どもでも、楽器で音を出すことはできるでしょう。たいこなどの打楽器が大好きという障害児も多くいます。ミュージック・ベルなどのようにたたいて音を出すものや、(ウッドブロックのような)一本だけの木琴など「たたく」ことをメインにした楽器もあります。

楽しい音楽の授業にするためには、楽器をよく知っている教師に聞きながら、授業を進めていくとよいでしょう。子どもたちがどんな歌やダンスが好きなのかは、家庭との情報交換を含めて、さまざまなところから情報を仕入れていきましょう。

図工では、能力差があってもできる作品を作ることを考えましょう。「写生画を描きましょう」などと言われるともうお手上げという子どもでも、折り染めやマーブリング、フィンガーペインティング、ひっかき絵など、一人ひとりの個性を生かしながらやれるものはたくさんあります。「紙の上に、違う色の紙を置いただけで一つの作品になる」というくらいの気持ちで授業を進めていくと、子どもの表現の幅が広がります。これは、むしろ教師の作品観を改めていくことなのかもしれません。

体育では、「根性・気合い」という精神論ではなく、感覚統合や体育の理論を踏まえて指導したいものです。同じように体操していても、指先まで伸びているか、両足はしっかりと地面についているかなど、注目すべき点はたくさんあります。

また、体育では「歩く、走る、跳ぶなどの基本的な運動」「器械・器具・用具を使った運動」「表現運動」「水の中での運動」など、学習内容を領域ごとに分けて捉えてみましょう。こうすることで、各領域をバランスよく指導していくことができます。

とはいえ、技能教科については、全く初めてその授業をやるということもあるでしょう。こうしたときには、まずは、今までどんな授業をやってきたのかを知ることからです。前年度からいる先生にわからないことを尋ねているうちに、いろいろな情報を持っていて、教えてくれる教師も見つかることでしょう。そうした教師と一緒に子どもの授業を作っていくことが良い授業の近道です。

33 イベントを活用した指導

学校では、運動会や学芸会など大きなイベントがいくつかあります。最近では、自閉症の子どもにはこうしたイベントは混乱を引き起こす、あるいは大変な苦痛を与えることになるということで縮小していこうという考えもあります。もちろん、個々の子どもの障害を踏まえる必要はあると思いますが、一方で、そうしたイベントをうまく活用していく指導というのもあると考えています。

特別支援学級では、学級独自のイベントが意外と多くあるのではないかと思います。校外学習や遠足、また誕生日会やお楽しみ会など、一年を通していろいろあります。

私のクラスではクラスのイベントとして卒業・進級を祝う会を年度末に行っています。これは、学級で取り組んできた学習の一年間のまとめの場として位置づけています。祝う会は、なわとびや跳び箱、合奏などを披露する場でもあり、六年生を卒業生として送り出す会でもあります。一年生ははじめの言葉、二年生は終わりの言葉、三年生は司会、四年生は準備係として会の進行に協力し、五年生は贈る言葉……と、それぞれの学年に割り当てがあります。子どもたちは、学年が上がるにつれて、この会のイメージをしっかりと持って参加できるようになっています。

一方、「大漢字テストまつり」というイベントもやっています。要するに漢字テストなのですが、全員参加が原則で、受験票を作り、受験の心得を配布し、当日は教室を試験会場として、「受験番号○番〜○番会場」などと表示します。前を通りかかる通常学級の子どもたちが「すげえ〜」と感心していたりして、これも、子どもの中で一つのインパクトを持ったイベントになりつつあります。

子どもが楽しみながらやるイベント。がんばりどころを示して、精一杯力を出し切るイベント。見に来るお客さんに対してアピールするイベント……などなど、いろいろなイベントが組めると思います。子どもの実態や様子を見ながら、ねらいを明確にして、子どもたちが主体的に活動できるような、そんなイベントを組むことが大切です。

そして、そのイベントを学習に関連づけることも大切です。発表会で出し物をするイベントは、どうしても発表会がゴールになりがちです。校外学習などは、行ったら終わりになりやすいものです。イベントのあとで、ビデオや写真を使って振り返るなど、事後学習を充実させていくことも大切だと考えます。

イベントは一様ではありません。その意味で教師の創意工夫が試されるものだと言えるのではないでしょうか。

34 ゆとりと幅のある対応を

「ぼくは○○をしたいんだあ」と大泣きする。気に入らないとすぐに手が出てしまう。ずっと話していて話を止めることができない。そんな「気持ちをコントロールできない子」は、意外とたくさんいるものです。

でも、私たち自身だって、大きな事故や事件などが起これば、「気持ちをコントロールできない」状況に陥るでしょう。ですから、まずは「気持ちをコントロールできない」ということをその子だけの責任にしないことが大切です。「この子はそうなんだから仕方がないよねえ」ということで放ってしまってはいけません。

「気持ちをコントロールできない子」への対応では、まず、子どもはどのような状況に置かれているのか、どのような問題があるのかを見極めることです。

「友達が先生にほめられるとそれが許せなくてなぐってしまう」という子もいます。そうした子は、内面では「ぼくもほめられたい」という気持ちがあり、「できる自分になりたい」という要求があるのではないかと思います。

もちろん、教師としては、気持ちをコントロールできないで表面化させてしまう問題を、どこまで許容するのかについては考えなければなりませんが。

こんな子がいました。この子は全校朝会に参加できない子でした。「ぼくは朝会には出ない」というので、私は「とりあえず校庭には出よう」という働きかけから始めました。するとも、外に出ることは許容できるらしく、最初は遊具のあたりでブラブラしていました。

しばらく自由にさせたあと、教師がこの子を迎えに行き、試しに並ばせたり、「今こんな話をしているよ」と朝会の話をしたりして働きかけを続けました。すると、その子はすぐに「いやだ」と言い、朝会から離れていきます。このような対応を半年くらい続けていると、この子は自分のクラスの列に並べるようになったのです。

どうして気持ちをコントロールできるようになったかを考えてみると、友達との関係が育ってきて、友達が一緒なら並ぶというようになったのではないかと思います。また、この子は、朝会というものを校庭の隅から見ていて、気持ちの中で受け入れられるようになったのかもしれません。さまざまな理由が考えられますが、本当は、「とりあえずは朝会に出なくていい」という教師の容認姿勢が有効だったように思えます。

子どもにはさまざまな思いや感情があります。子どもの気持ちをコントロールしようと躍起になるのではなく、教師が「ゆとり」と「幅」をもって対応することが大切です。

35 子どもから学ぶ

授業づくりのコツについて、いろいろと書いてきましたが、共通して言えることは、子どもの実態を見極め、子どもに合わせてノウハウを修正していく必要があるということです。

つまり、最後は、子どもに戻るわけです。子どもの実態を観察する、子どもの活動を見る、子どもと一緒に活動する、子どもと一緒に学習する……ということを行う中で、実は教師である私たちは子どもたちからたくさんのことを学んでいるのです。

勤労感謝の日の数日前、朝の会でその日のことを話題にしたことがありました。ある子どもの作文を見たら、そこには「金土感謝の日」と書いてありました。思わず笑ってしまいましたが、「あ～なるほど、彼にはそう聞こえていたんだなあ」と改めて思い直し、子どもから教わったと感じた瞬間でした。

子どもたちが、教師の指導や、言葉かけをどう受け取っているのかを、ときどき立ち止まって考えないといけないなと感じています。そうした謙虚な姿勢でいなければ、教師というものは、子どもに対して「なんでわからないんだ、できないんだ」と思うようになってしまい、教師側の指導の問題点を見過ごしてしまうものです。

また、こんな話を聞いたことがあります。学校ではほとんど反応のない子どもが、家に帰ると学校で歌っていた歌を口ずさんでいたり、朝の会の日直の流れを一人で再現して、教師の言い方をまねて話をしているようでした。中には、親や兄弟も巻き込んで、家では自分が教師役をしていたという子もいました。

やはり教師というのは魅力のある存在なのです。そして、学校での反応が少ないからといって、その子が学校に関心がないとか、教師の話を聞いていないと思ってはいけないのだと教わった例です。

こんな子もいました。日直の順番に当たっていた子がお休みで、「さあ、どうする？」と子どもたちに投げかけたら、子どもの方から「にっちょくじゃんけんだ！」と言って、自分たちで希望者を募って自主的に（？）じゃんけんを始め、自分たちで日直を決めたのです。

このとき、教師が「じゃあ今日は○○くんね」と決めていたら、おそらく見ることがなかった光景だろうと思います。子どもたちは自分たちなりのルールや秩序を持っているのだと、やはり、子どもたちから学んだ瞬間でした。

学校で見せる子どもたちの姿は、教師の指導の結果であり、指導に対する鏡のようなものです。だからこそ、私たちは、子どもたちから学び、自分の指導を見つめ直していくといった姿勢を大切にしなければならないのです。

第4章

教師の力量をアップする

36　教材・教具は子どもの生活の流れの中から

昨日は夜遅くまで教材を準備していた。子どもたちは動物が好きだから、ゾウやライオンのお面をかぶって、今日は「動物園に行こう」という授業をしよう。お面には色もつけたし、動物園の雰囲気を演出するために、動物の鳴き声もたくさん集めて、パソコンから流せるようにしておいた。今日の授業はとても楽しみだ。

こんなときこそ要注意です。たいてい、最初の五分は子どもたちは教材に飛びつくが、少し経つと子どもたちはそれぞれのことを始めてしまい、授業がどんどん崩れていくものです。こんな状態になるのなら、この前、時間がなくて一〇〇円ショップで買った教具を使った授業のほうがよっぽど子どもたちの学習になっている……。

知的障害の子どもと授業をしている教師ならば、一生懸命作った教材よりも、一〇〇円ショップで買ってきたもののほうが授業がうまくいったなどという経験をしたことがあるでしょう。

こうしたことが起こる理由はいくつか考えられます。まず、教材や教具を考えているときに、動物を登場させるのはよいが、子どもの喜ぶ顔ばかりを想像していて、子どもの学習課題を見失っていなかったかということが気になります。もちろん、子どもが興味を持つ教材・教具を用意しなければなりませんが、単なる興味があるというだけでは、子どもは長い時間、教材や教具に没頭できないことが多いものです。

また、「動物園に行こう」という教材は、子どもたちの生活とどの程度密着したものだっただろうかということも気になるところです。ゾウやライオンについてはテレビなどで知っている子が多いとしても、動物園にいるゾウやライオンの具体的な様子まではなかなか想像できないでしょう。

だから、子どもはどんなふうに遊べばよいかということを想像できなかったのだと思います。このため、子どもたちは「興味本位」で動物たちに近づいていったが、少し経つとその後の活動の流れがわからなくなり、教材・教具から遠ざかっていったのだと思います。

一〇分〜一五分が、多くの知的障害児の興味の持続時間です。これ以上、長い時間、子どもを集中させようと思うときには、子どもが生活の中でよく目にするものや、よくやっている活動を基本にして授業を組み立てなければなりません。

教材・教具の選定で重要なことは、子どもたちの興味を引く立派な物を作ることではなく、子どもの生活の流れの中で自然に取り組める素材や活動を用意することです。

37 ティーム・ティーチングは授業設計の一部

ある授業の一風景です。体育館で一〇人の子どもたちが三人の先生に指導を受けていました。準備運動が終わり、みんなを体育館の真ん中に集め、授業を計画した新任の教師（T１）が話を始めます。「今日はサーキット運動です。最初はボールをこの的に当てましょう。次は……」と説明をしているかたわらで、子どもたちは輪から一人抜け、二人抜け……最後はT１の話を誰も聞いていませんでした。

この後、T２とT３が輪から外れた子どもを連れ戻しては、その場で課題をさせるといった授業となり、子どもたちは最後まで集中して課題に取り組むことができませんでした。新任教師であったT１は放課後にこの授業を振り返り、反省しきりでした。子どもたちをもっと集中させることができるように、授業の流れをわかりやすく説明する教具を作ったほうがよかったのではないか……。あるいは、長く説明をすることなく、すぐにサーキット課題に入っていったほうがよかったのだろうか……、と。

授業後のこうした振り返りはとても重要です。もちろん、授業がこのようになった理由の一つにT１の導入がうまくなかったことは十分に考えられます。しかし、はたしてそれだけでしょうか。

この授業を冷静に振り返ってみると、いくつか改善点を指摘することができます。たとえば、一人の教師（Ｔ１）が子どもを惹きつけて、一時間の体育を実施することがもともと難しい集団だったのではないかということです。Ｔ１が計画した授業展開の中でＴ２やＴ３はどのような役割だったのでしょうか。

こうしたティーム・ティーチングに関する疑問はさらに続いていきます。輪から子どもが外れてしまうのは、Ｔ２やＴ３の働きかけの問題だったということはないのでしょうか。そもそも、メインの教師（Ｔ１）とサポートの教師（Ｔ２・Ｔ３）といった考え方でよりよい授業が展開できるのでしょうか。

特別支援教育の授業では、一人ひとりの子どもに、より適切な指導をするために、複数の教師＝ティーム・ティーチングで指導する場面が多くあります。だから、複数の教師が子どもの指導にあたるときには、Ｔ２やＴ３は意図的・計画的に行動できなければなりません。Ｔ２やＴ３は単なるＴ１のサポート役ではなく、指導案の中にその動きが綿密に記述され、指導者の一人として明確に位置づけられていること、すなわち、授業設計の一部となっていなければならないのです。

38 指導案に思いを込める

研究授業の担当となった教師から、「どんな指導案を使用するのがよいでしょうか？」と質問されることがあります。このとき私は、「授業のねらいが明確で、子どもの活動と教師の留意点がはっきりわかる指導案がよいですね」などとあいまいに返答するようにしています。

実際には、毎時間、指導案を書いている人はいません。慣れてくれば、指導案を書かなくても頭の中で授業を構想することができるようになります。指導案を立てる段階であまりきっちり決めてしまうよりも、子どもの様子を見ながら柔軟に変化させていく授業のほうが指導の効果は上がるのではないでしょうか。

こうした理由から、特別支援学校や特別支援学級では、指導案を複数の教師が授業の流れを確認するためのツールとして活用していることが多いと思います。だから、見やすくわかりやすい指導案の「書式」を知りたいと思うのでしょう。

しかし、万人に共通する指導案の書式というものがあるのでしょうか。そもそも、指導案というものは、授業者の授業構想を意味するものであり、子どもをこのように伸ばしたい、子どもとこんな授業がしたいという「教師の夢」を具現化するためのものです。だから、私は書式を考える前に、「どんな授業がしたいのか」を意識することが何よりも大切なのではないかと思っています。

私はこれまで現場の教師と一緒にいろいろな指導案を作ってきました。T１が考えた授業の流れにそって、T２以下すべての教師に自分の動きを書き込んでもらったこともあります。学部全体が行う授業では、T14までいましたので、とても横長の大きな指導案になりました。また、予想される子どもの困難やつまずきを考え、そうした子どもに対する教師の働きかけを複数考えて、図示する指導案を作ったこともあります。

このように、指導案を研究授業のねらいに応じて開発することで、教師は自分の教授行動を意識し、子どもに対してきめ細かい指導をすることができるようになるのです。

指導案というのは、白紙のキャンパスに絵を描くようなものです。「導入」「展開」「まとめ」といった一定の書式に子どもの活動を書いていくだけでよいというものではありません。どんな授業がしたいのか、自分なりに理想的な授業を思い浮かべ、それをどのような指導案で表現するかを考えることが大切です。他人に伝えるための「ツール」としてだけでなく、子どもや授業に対する思いを込めて、指導案を書いてみましょう。

39 授業にストーリーを

ある子は操作活動がとても好きだから、数を数えるときにはおはじきを使います。別の子はキャラクター・シールがとても好きだから、紙の上にキャラクター・シールを貼り付けて、その数を数えさせます。

こうして、無数の教具が開発され、子どもの実態に合った国語・算数の時間が展開されていきます。授業のことを真剣に考える教師であれば、子どもが興味を示す教具を作ろうと熱心になる時期が必ずあるものです。

しかし、こうして無限に教具を開発していくことに限界を感じるときはないでしょうか。子どもたちは、興味のある教具であっても一〇分〜一五分経つと、飽きて別の活動に移っていってしまいます。だから、四五分の授業を展開するために、興味のある教具を四つ〜五つ用意して、授業に臨むことも多いのではないでしょうか。

ところが、いくつも教具を作ったところで、少し経つと子どもはやはり飽きてきます。こんなときは、教師はここであきらめてはいけないと、子どもの好きなものをさらに調べて教具のバリエーションを増やそうとするでしょう。まるで、いたちごっこをしているかのように。

こうした袋小路に陥ったときには、授業とは何か、教育とは何か、に立ち返ることが必要です。

子どもと教師が豊かなコミュニケーションをしながら、私たちが大切にしてきた文化を伝えていくことが教育であり、授業です。こうした壮大なテーマを追究しようとしているときに、「キャラクター・シールが飽きたから次はおはじきにしよう」という対応はあまりにもスケールの小さい話です。私たちがもっと考えなければならないことは、授業の中で子どもたちにどんなテーマを考えてもらいたいのか、ということです。そして、教師はそのテーマを子どもと共有するために、どのようなストーリーを授業で用意するのかを考えなければならないのです。

「ことば」や「かず」、あるいは授業で使われる道具や製品など、学校で取り扱われる題材・素材はすべて「文化」です。文化には、今の時代の子どもに伝授すべきことがらがたくさん含まれています。こうしたことがらに着目させ、生活の中でどのように活用していくかというところまで子どもと一緒に考えていくような授業にすれば、そこには必然的に「ストーリー」ができあがります。このストーリーづくりこそ、教師に必要な授業力だと考えます。

40 テンポと間が大切

とても熱心な教師の授業の一例を紹介します。その教師は生活単元学習の時間に子どもたちとホットケーキを作るため、子どもたちをつれてスーパーに買い物に行き、教室にもどってきました。

教師はその後、子どもたちにホットケーキを作るのは明日であることを伝え、今日はどんなホットケーキを作るのかみんなで考えようと投げかけました。

子どもたちは「今日、食べられないの〜」と言い始めるかと思ったら、意外にもホットケーキのレシピづくりにのってきました。「私はフライパンいっぱいの大きなホットケーキを作るんだ」とか、「シロップをたっぷりかけて甘いホットケーキにするんだ」とか、子どもたちのホットケーキの構想はふくらんでいきました。

そんなとき、教師はあらかじめ用意していたワークシートを子どもに配り、作ってみたいホットケーキを書いてみようと授業を展開しました。子どもたちはつたないながらも、自分の作りたいホットケーキを描きながら、明日できあがるであろうホットケーキを想像してとても楽しみな様子でした。

ここまではとても良い授業でした。しかし、この後、教師はホットケーキの材料の説明を始め、粉を混ぜる方法や、たまごの割り方、火の扱い方からやけどの注意まで、こと細かく説明を始めました。熱心な先生であるので、それは「ていねいな」説明が行われました。子どもたちはだんだんと背中が丸くなっていき、集中して話を聞くことができなくなっていきました。

子どもたちにホットケーキの作り方を説明したからいけない、というわけではありません。火の取り扱い方などの諸注意は必ず行わなければならないものです。しかし、その説明があまりにも長すぎると、子どもの理解を超えてしまうことがあるということを忘れてはならないのです。

授業には「テンポ」と「間《ま》」が重要です。特に知的障害児を指導する場合には、教師からの一方的な説明をするのではなく、子どもが「具体的な経験・活動」と「思考」を組み合わせられるような「流れ」を作ることが必要です。

子どもが活動し、考えているときには、教師は「じっと待つ」こと。しかし、子どもが遊んでいるかのような気持ちで授業に参加していたら、こうしたときこそ教えるべき内容を簡潔に、かつ順序よく伝達すること。これが授業におけるテンポと間であり、子どもたちの学習過程のダイナミクスだと言えるでしょう。

41　わかりやすい指示の出し方

チャイムが鳴って、教壇から教師がクラスの子どもたちに向かって、「さあ、やるよー」と声をかけます。すると、クラスの子どもたちは「授業が始まる」と思って自分の席につきました。教師は、クラスのみんなが席に着いたのを見て、「はい、それでは教科書を出して……」と話し始めます。

こんな様子は、通常の学級ではごく当たり前の風景であるかもしれません。私たちがイメージする学校とは、こんな感じでしょう。しかし、特別支援教育の分野からこうした様子を見つめると、子どもたちの洞察力のすごさに驚かないではいられません。

子どもたちは、教師が「さあ、やるよー」と言っただけで、どうして「授業が始まる」とわかったのでしょうか。「教科書を出して……」と言うだけで、子どもたちはどの教科書を出せばよいかがどうしてわかるのでしょうか。

もちろん、この答えは、子どもたちは「チャイム」の音に注目することができ、また、誰にも言われなくても次の時間が何時間目であるかがわかるからです。逆に考えると、特別支援教育の子どもは、こうした目に見えない意味や文脈を理解することが苦手で、私たちはよりわかりやすい「指示」の出し方を工夫していかなければならないのだと考えます。

特別支援教育の対象児の中には、「さあ、やるよー」と言われただけでは、自分の好きなことをやっていいんだと思う子がいます。また、「教科書を出して……」という言い方だけでは、子どもの中には「好きな教科書を出して勉強していいんだ」と受けとってしまう子もいます。

通常の学級ではこうした子を「空気の読めない子」「困った子」と考えがちです。しかし、こうした意味のすれ違いが生じるのは子どもが悪いわけではないのです。自閉症と言われる子どもは、「文脈」を読み、自らの行動を考えていくことがとても苦手です。最近の研究では、自閉症児は抑揚によってことばの意味が変わることや、表情を瞬時に読み取ることがとても苦手であると指摘されています。

こうした研究の知見は日進月歩で明らかにされています。私たちはそうした知見を意識的に入手し、子ども理解と指導方法の開発に日々、活用していかなければなりません。自閉症児の例で言えば、目に見えない「文脈」に意識を向けて、教師は子どもたちに意味のはっきりとした「指示」を出してきたかどうか、今一度、見つめ返してみる必要があると思います。変わるべきは、私たち教師の側なのです。

42 活動を通して学ぶ

先生の周りを子どもたちが取り囲み、紙芝居を食い入るように見ている風景はとてもほほえましいものです。教師も楽しそうに、「赤鬼さんはどうして泣いているんだろうね」などと子どもたちに話しかけながら、コミュニケーションを楽しんでいます。幼稚園や保育園でよく見かける一コマです。

そんな学習風景が知的障害児の授業では一変してしまうことがあります。先生が抑揚をつけながら紙芝居を読んでいると、紙芝居の途中であるのに、一人が席を立ちふらふらと教室の後ろのロッカーのところに歩いていく。そうかと思えば、別の子がとなりの子どもの髪をひっぱっている。何とも落ち着かない授業となってしまったという経験をしたことのある教師も多いのではないでしょうか。

こうした授業にならないようにするために、知的障害児への授業では、朗読の合間に活動を加えることが多くあります。たとえば、赤鬼の役をA君、青鬼の役をB君などというように役を決め、お面をかぶり、紙芝居の内容を劇にして再現するといった活動を加えることです。

活動を通して学ぶことの意味は、単に子どもを飽きさせないためだけではありません。もともと、知的障害児は言語理解そのものに困難があり、加えて、抽象的な思考や想像力を働かせて考えることが苦手な子どもたちです。こうした子どもたちは、見たり聞いたりするだけでなく、身体を動かし、さまざまな試行錯誤の中で学習したことがらを初めて体得するのであり、このためには活動がとても大切なものとなります。

教育学の中に、「教育で統制可能な唯一のものは活動である」という原理があります。教師は子どもが考えるように促すことはできても、子どもの思考をコントロールすることはできません。そのため、教師が意図した授業の内容を子どもが理解するためには、教師は言葉で説き伏せようとするのではなく、活動を用意して子どもに実感させることが大切だということです。

授業には教師の指導性が存分に発揮されなければなりません。しかし、教師の指導性とは、子どもから見てわかりにくい言葉が並んだお勉強風の指導ではなく、授業の中で知らず知らずのうちに学んでいるといったものでなければなりません。子どもが遊んでいると感じられるように、教師の指導性を発揮すること。こんな難問を解決するキーワードが「活動」です。

43 「学び合い」を活かした授業づくり

知的障害児に国語や算数の指導をするときに、教師一人に対する子どもの数が少なければ少ないほど、教育効果が上がると考える人がいます。特に特別支援学級や特別支援学校では、通常の学級から離れたところで子どもを教育することを選択したのだから、できるだけ手厚く、少人数（できれば教師一人対子ども一人）で自分の子どもを見てほしいと思う保護者が多くいます。

一方、指導する教師のほうは、一対一で指導することが体制上、可能であったとしても、そうした「個別指導」には限界があると感じている人もいます。個別指導では、ある特定のスキルを指導したり、機械的な知識や計算力を身につけさせることはできたとしても、それが生活や社会の中で本当に活用できる力となっていくのか、という疑問を感じているからでしょう。

そもそも、個別指導だけでよいならば、子どもたちを集めて指導する学校というものは必要ありません。同じ学年の子どもたち、あるいは同じくらいの能力の子どもたちを集めて教育をすることで、子どもたちは切磋琢磨しながら学ぶことができます。つまり、学校教育だからこそ、子ども同士の学び合いを意図的に組織することが、子どもを成長させる上でとても重要なことだと言えるでしょう。

子ども同士の学び合いというと、私たちはつい子ども同士で教え合ったり、人のやり方や考え方を自然と学び取っていくという姿を想像してしまいます。こうした学び合いは、知的障害児にはとても難しいことのように思えてしまいます。

しかし、複数の子どもが同じ場所に集い、お互いに影響し合っているという姿を学び合いと捉えれば、どんなに障害の重い子どもでも不可能なことではありません。たとえば、友達がみんなの前に出て自分の作った物を見せることも学び合いの一つです。「○○さん」と名前を呼ばれて手を挙げたとき、先生にほめられている姿を見て、となりの子どもが自分の名前が呼ばれるのはいつだろうかと期待することも、やはり学び合いの一つだと思います。こうした学び合いを私たちは大切にしていかなければなりません。

子どもは一人で生きているのではなく、まぎれもなく社会の一員として生きているのです。社会とは、人と人とがつながりながら共に生活することだと考えれば、私たちは学び合いの中でしか成長していくことができない絶対的な宿命を持っていると言えるのではないでしょうか。

44 子どもの困難は教師自身が変わるチャンス

朝の会で伝えたスケジュール通りにいかないと、パニックを起こす子どもをよく見かけます。噛まずに丸呑みしてしまう上に、たくさんのものを一回の食事で食べてしまうから、体が自由に動かせないくらい肥満体質になってしまっている子どももいます。こうした子どもの困難は、日常生活を過ごすだけでも支障をきたすものですが、教師は支援の決定的な手だてをなかなか見つけられずに困惑することが多いものです。

通常の学級に在籍する障害のない子どもがこのような困難を抱えていたら、家庭ではどんなふうに子どもを養育してきたのかと思う教師もいることでしょう。一方、知的障害児がこうした困難を示していたら、「こだわり」や「偏食」が影響しているのではないかと原因を分析することもできます。

こうした子どもの困難を見たとき、教師はその原因を探ろうとします。このこと自体は間違ったことではありませんが、実際の教育現場では、原因分析といった学者的態度だけでは前に進まないことも多くあります。せめて、困難を乗り越えていくことができるようなあの手この手をその場でいくつか考えて、試みに支援を提供してみるという姿勢が教師には必要です。

このように言うのには、子どもの困難の背景に、学校や教師が無意図的に関係していることがあるからです。たとえば、こだわりから抜けられないでいる子どもの中には、教師が予定の変更を子どもにちゃんと伝えなかったことが原因となっていることもあります。そうした子どもに対して、「あの子はこだわりが強いから」と傍観者的に見つめるだけでは子どもの困難が改善することはないでしょう。

給食の場面でも、偏食の強い子がいたときに、「家庭で食べさせていないから」と分析するだけでは支援の方策は浮かんできません。せめて一口でも食べられるように、味付けを変えたり、小さく刻んでみたりして、試行錯誤し、家庭でも実践できるような方法を見つけていくことが必要です。

子どもと教師の関係はキャッチボールのようなものです。子どもたちの困難は、子どもたちから教師に投げかけられたメッセージであると捉え、教師はどのようなメッセージを投げ返すことができるかを考えていかなければなりません。

これは、子どもの困難に対して教師自身が今までのやり方を少し変えてかかわってみることが大切だということでもあります。つまり、子どもの困難は自分の実践を振り返り、自分を変えるチャンスであると考えるべきだと思います。

45 「おとなしくて良い子」のストレス

学校で、「この子は率先して先生のお手伝いをしてくれて、本当に良い子ですね」と言われる子がいます。親もそうした話をされれば嬉しくなり、家でもお手伝いを頼むようになっていました。学校を卒業して、作業所で働くようになった彼女は、作業所でも「お手伝いをしてくれる子」となり、人手が少ない作業所にとってはとても貴重な戦力となっていました。

しかし、彼女が二〇歳を超えたあたりから、家庭でイライラすることが増えてきました。作業所で嫌なことがあったわけでもなく、家庭の環境が大きく変わったわけでもなく、作業所の職員や家族は彼女がなぜイライラしているのかが理解できないでいました。

それまで順風満帆に過ごしているように見えた子どもが、高校を卒業して数年間、社会で過ごしたころ、イライラし始めるケースは少ないながらも見られます。それまでのストレスを発散するかのように、物や人に当たる場合もあります。もちろん、その原因は個々に異なるので、一様に語ることはできませんが、ここでは、その理由の一つとして考えられる「おとなしくて良い子」のストレスを考えてみたいと思います。

小さな子どもは大人の期待に応えようとして、一生懸命、家のお手伝いをします。こうした子どもは、小学生から中学生、高校生へと大きくなるにしたがって、自分で「やりたいこと」あるいは「やりたくないこと」がはっきりしてきて、家の手伝いを頼んでも「気が向いたときしか手伝いをしない」とか、「生返事は返ってくるが結局手伝ってくれなかった」などの「成長」を遂げるものです。

しかし、知的な面でさまざまな制約がある子どもは、自分の「やりたいこと」や「やりたくないこと」をはっきりと持つことができず、あるいははっきりと表現することができずに、日々、過ごしています。そうした中では、「お手伝いをしてくれる子」という大人から与えられた幼少期からのイメージを精一杯演じようとする子どもがいてもおかしくありません。

このとき、周囲の大人が対応を変えずに思春期になっても同じかかわりを続けたら、子どもは自らの殻を破るチャンスを逸し、自我を心に押し込めてしまうでしょう。

「おとなしくて良い子」は長期的に見るともろさがあります。思春期・青年期には、多少、わがままや生意気に見えたとしても、やりたいことを主張できる子どもに育てたいものです。自分の人生を自分で切り拓いていくたくましさは、こうした自己主張の力が源になっているのですから。

46 休むことを指導する

喫茶店で働いていた、ある知的障害青年の話をします。この青年は数の計算など、認識能力の面で苦手なところがありましたが、人とかかわることが好きで、喫茶店で働けることが決まったとき、とても喜んでいました。

一緒に働く仲間も同じくらいの能力で、休憩時間の話題も合うし、とても雰囲気のよい職場でした。青年は「喫茶店の店員である」といった誇りを持って仕事をしていて、心の面から考えると、とても充実した青年期を過ごしていました。

しかし、身体には少し負担の大きい職場でした。喫茶店の店員にはつきものの長い立ち仕事。間違って配膳してはならないといった気苦労に加え、家から喫茶店まで一時間程度の通勤。これらが疲労となって、本人の身体に少しずつ蓄積していきました。こうした中で、この青年は、体調不良を理由に二年くらいでこの喫茶店を辞め、自宅で少し静養することになりました。

さまざまな要因が関係している個別のケースを取り上げて、何がいけなかったのかを論じることはあまり生産的な議論ではないと思います。進路指導がどうあるべきかとか、作業所の対応がどうだったのかといった責任の所在を論じることも適切ではないでしょう。しかし、私は、こうした青年の話から何か学ぶことがあるのではないかと思えてなりません。

それは、「休むことの大切さ」です。学校という場所は、教師から頼まれた活動を一生懸命行うことが美徳とされます。だから学校では、一つの作業が終わったら、率先して次の作業に取り組む姿勢を見せる子どもが高く評価されるのです。

しかし、はたしてそれでよいのでしょうか。子どもに、一生懸命活動することを指導する一方で、私たちは子どもに休み方や息抜きを教えてきたでしょうか。自分の身体のことを考えて、「今日はこの辺までにしておきます」と判断したり、「一〇分、椅子に座って休ませてください」と言うことができるように指導することも、大切なことではなかったかと、この青年の姿を見て考えずにはいられませんでした。

このところ、特別支援教育では、休日の過ごし方など余暇の指導にも力を入れ始めています。こうしたことと同じように、作業の休けい時間に横になって休んだり、身体をほぐしたりすることなども、指導が必要です。

休むことを指導する。一見、相反するこの二つを統一して捉えることが、私たち教師に求められているのです。

47 自己の生き方を問う進路指導を

「私は学習障害だから、福祉の対象なの。でも、障害者手帳はもらえないみたいです。」こんなことを教師に言う学習障害児と出会ったことがあります。この子は「みんなと同じようにやりたい」と強く願う子どもでしたが、能力面からそれがかなわない経験をたくさんしてきた子でした。

そうした負の経験が情緒の不安定となって表面化していた子でもありました。だから、保護者は子どもに学習障害であることを伝え、「みんなと同じようにはできないこともある」ということを自覚させようとしたのです。

知的障害を伴わない発達障害児や、軽度知的障害児は、青年期に「自己の障害を理解する」といったことが大きな課題となります。もちろん、「私は学習障害だから……」と言えることが大切だ、と言っているわけではありません。ましてや、学習障害とはどのような障害であるかを子どもが口にできることを目指すわけでもありません。

しかし、自分を見つめ、社会を見つめて、将来のことを考える青年期には、障害のある子どもが自分の障害について知ることは、とても重要なことではないかと考えます。

障害のある、なしにかかわらず、青年期には、「自分の得意・不得意を知り、社会の中で自分を活かしていける場所を見つけること」が発達課題の一つとなります。障害のある子どもは、失敗経験や自分の能力に対する自信のなさから、将来のことを考えるだけで不安になり、自暴自棄になってしまうこともあります。

しかし、子どもはみな漠然とではあるけれども将来の夢や希望を抱いているものです。明らかに、能力的には難しいような夢や希望であるかもしれませんが、そうした夢や希望を、いかに現実的なものへと導いていくことができるかが教師に問われているのだと思います。

子どもが将来の夢と向き合い、現実と向き合い、自分のこれからを思い描く支援を、学校では「進路指導」と呼びます。すなわち、進路指導とはどこに進学するか、どのような職場に就職するかという狭い捉え方をするのではなく、広く人生設計の時間であると考えるべきでしょう。

一方で、青年期の進路指導は、子どもの夢を大切にする、という陳腐な言い方ではすまされません。子どもに自分の得意・不得意を自覚させながら、自分の夢と現実を自ら結びつけていくこと。こうした自己の生き方を問う生徒を、さまざまな角度から支援することこそが進路指導であると考えます。

48 やがて訪れる社会をイメージして支援する

今の時代の子どもたちは、私たちの子どもの頃と大きく異なります。とても当たり前なことですが、学校教育ではこうした前提をどこか忘れてしまい、私たちの子どもの頃と同じようなねらい、指導の方法で子どもを教えているということはないでしょうか。

一例を挙げると、知的障害児の指導では、実生活で役に立つ「時計」と「お金」の指導に多くの時間が割かれる傾向にあります。もちろん、時計もお金も将来的にこの世の中からなくなることはありませんので、そうした指導に多くの時間が割かれることに異議を唱えるものではありません。

私が気にしているのは、授業のねらいが現代に合っているのかということです。「実生活で役に立つ」というねらいで時計とかお金の授業を行うのであれば、私たちはその指導の方法を日々進化する生活に合った内容となっているのか、十分吟味していかなければならないと考えます。

たとえば、時計の読み方を学習するときに、長針と短針の区別がつかず苦労する子どもがいます。しかし、最近では、デジタル時計も多く普及しているので、生活の中で時計が読めることだけをねらうのであれば、デジタルの腕時計を持たせてしまえばよいということになります。

お金の指導でも同じようなことが言えます。ここ数年の間に日本国中に普及した電子マネーは知的障害児のお金の指導に大きなインパクトを与えるものだと考えます。これからは、機械にICカードをかざすだけで物が買える時代になるのだから、生活に役立つお金の指導をすることだけをねらいにするのなら、お釣りの計算は学習内容から外してもよいことになります。

本来、時計やお金の指導を学校教育で行うねらいは、「実生活で使えるようにする」ことだけではなく、数学的なものの見方や考え方を知的障害児なりに学ぶということであるはずです。だから、デジタル時計や電子マネーがどんなに普及しても、「時計の読み方」や「お金の計算の方法」を学ぶ時間は算数・数学の中で、やはり必要であると思っています。

しかし、もう一方で、子どもが大人になる頃、必要とされる力はどんなものであるかを常に想像しながら子どもの指導にあたるということも、やはり重要なことだと考えます。たとえばカード社会が進化すれば、知的障害児がカード詐欺に遭うことだって増えるだろうから、生活単元学習の時間の中で「買い物の仕方」だけを教えるのではなく、買い物に関係する生活上の知恵や犯罪の予防的な学習なども行うようにする、などということも必要な学習だと考えます。

つまり、子どもたちへの教育は、時代の変化に応じて少しずつ変えていかなければならないのです。

繰り返して言うと、今の子どもの時代は、私たちの子どもの時代と異なるのです。これは、今の子どもが大人になる頃は今よりももっと進んだ世の中になっているということを意味しています。つまり、私たちはやがて訪れる少し先の社会をイメージしながら、子どものの指導を考えていかなければならないということです。

第5章

教育実践の幅を広げよう

49　子どもの発達を見抜く力をつける

朝の会で日直になった子どもに「昨日、家でどんなテレビを見たの？」などと問いかけることを日課にしている教師も多いと思います。テレビが好きな子どもは多く、大好きなアニメやドラマなど、どんな内容だったかを大げさなジェスチャーを交えて話をしてくれる子どもも多くいます。

そうした会話を楽しんでいるときに、子どもの中には昨日の番組ではなく、今晩、楽しみにしている番組の話をしてしまう子がいます。「言葉で表現する力をつけること」が目的であるのなら、そのまま話を続けさせてもよいでしょうが、「昨日のことを話すこと」がねらいであるのなら、子どもに指導が必要です。

でも、こんなとき教師は、ふと、疑問に思うことでしょう。はたして、子どもはどのくらい発達していると昨日・今日・明日を整理して話ができるようになるのでしょうか。

発達心理学の本を読むと、「何」とか「どこ」といった目に見えることがらを尋ねる疑問詞は、個人差はあるものの、幼稚園に入る頃にはある程度、理解することができ、次第に活用できるようになってきます。しかし、「いつ」といった目に見えない時系列に関する問いかけは思いのほか難しく、幼稚園生でも年長にならないと理解できないと考えられています。

子どもの発達を大きく超えた内容を教師が問いかけても子どもは理解できないということは誰もが認めることです。だから、教師は子どもの発達をしっかりと見極めて、子どもに話しかける言葉一つひとつを精選していかなければなりません。特に知的障害児に対しては、年齢にふさわしい言葉遣いを心がけながら、発達的に理解できる言葉を使用しなければなりませんが、これがなかなか難しいことです。

知的障害児に話しかけるときに注意しなければならないことは、必ずしも発達の系統表にそって成長しているというわけではないということです。文字が書けるのに、数は数えられないなど、障害児の発達はアンバランスであることも多いのが現実です。教師はこうした個人内の発達のアンバランスさを意識しながら、一人ひとりに合った働きかけを考えていかなければなりません。

こうした意味において「子どもの発達を見抜く」とは、単に今、子どもがどこまで発達をしているかという相対的な位置を理解することではなく、次なる発達に結びつけるために今、表面化しているどの力に注目すればよいかをキャッチする力であると考えます。

50 生活経験の重みを考える

重度の知的障害児は、一日の流れを理解することが難しく、その場、その場で親や教師の顔の表情や周りの友達の行動を頼りに生活しているところがあります。そのため、大人が用意したスケジュールを理解できずに、「そうじゃなくて、こっちだよ」というように周りの大人から行動を修正させられることも多くあります。

しかし、一方で、重度の知的障害児であっても給食の場面になると「牛乳を配る」という自分の役割をしっかり果たし、それが終わると「いただきます」の声がかかるまでちゃんと席について待っていることができるようになる子もいます。学校に入学してすぐの頃は、「いただきます」の声がかかる前に食べ始めてしまい、教師から制止されてパニックをおこしていたのが嘘のように、高校生になるとちゃんと待てるようになるのです。

こうした変化を保護者に話すと、「うちの子、食べるのが好きなので……」というような返答がきます。もちろん、この子が食いしん坊で、「食べたいから我慢することができるようになった」という見方もできるかもしれません。しかし、私はこの事例から、重度知的障害児の学ぶ力をもっと評価すべきではないかと考えます。

ことばや数などの記号を操作し、論理的に思考することが「わかる」ということであるなら、重度知的障害児のわかる世界はとても狭いものになってしまいます。しかし、食事やお話などの具体的な場面で、自分のなすべきことを考える、判断するといったことを「わかる」と捉えるのなら、重度知的障害児のわかる世界はもっと広がっていくことでしょう。

一語文の次は、二語文を話せるようにする。5までの数が理解できたら、10までの数を理解する。こうした「縦の発達」を促していくことも子どもの成長にはとても大切なことです。しかし、子どもたちは生活の中でさまざまなことを吸収し、それを自らの糧にして次のステップに進んでいきます。こうした生活の中で身についた力は、発達検査などの数値に表れないものであるかもしれません。しかし、明らかに子どもはこうした力を活用し、生活の質を高めていると感じられます。

私はこのような生活経験を積み上げることによって、体得していく力を「横の発達」と呼びたいと思っています。横の発達とは、生活する中で培われてきたその人やその時代の価値観が反映され、個々人によって異なる個性的な発達だと言えます。つまり、少し大げさに言うと、ある時代を一生懸命生き抜いてきた人の持つ生活経験の重みともいうべきものです。

51 気持ちをおおらかに持つ

こだわり、落ち着きのなさ、偏食、パニック……。子どもたちの困難に目を向けていくときりがありません。もちろん、こうした一つひとつの困難に対し、教師は自分なりの考えを持ち、子どもの成長・発育を促進するために対応していかなければなりません。

しかし、子どもの困難を見つめつつも、子どもとのやりとりの中では悪い面をあまり強調しないようにすることも必要です。感受性の強い子どもは、教師が自分の悪いところを気にしていることがわかると、教師の言うことを聞かなくなったり、逆に、不安になって極端に消極的な態度になってしまうことがあるからです。

さらに、子どもの困難ばかりに注目していると、親や兄弟、祖父母までもが、「この子の悪いところを何とか直そう」という気持ちになり、学校だけでなく家までもが訓練の場になってしまいます。そうすると、子どもは息をつく場がなくなり、ストレスがたまって、困難がさらに悪化していくといった悪循環に陥ってしまいます。

このような悪循環をおこさないために、力量のあるベテラン教師は子どもの困難をさらっと受け止めることがあります。悲観視するのでもなく、楽観視するのでもなく、困難は困難として受け止めつつも、「それでも、この子にはこんなによいところがありますから……」とさらっと言って終わりにすることがあります。そうすると、子どもも保護者もどこかで救われた気持ちになり、負の連鎖から抜け出して、子どもがみるみる伸びていくといった好循環に変わることがあります。

そんな好循環を生み出すことができる教師になるにはどうしたらよいでしょうか。まずは、「気持ちをおおらかに持つ」ことです。子どもの困難に直面したときに、『そうきたか……』と思うくらいにして、動揺することなく、どっしりと構えていることができるかどうかが大切です。こうした教師の心持ちが、保護者や本人にとって何よりも安心感を生むかかわり方となるのです。

そうは言っても、「どっしりと構えて落ち着いて対応する」などということは、それほど簡単にできることではありません。経験に勝るものはなし。こう言ってしまうと教師が努力して蓄積してきた知識や指導技術を軽視しているようにも聞こえてしまいます。しかし、どんな知識や指導技術も、経験に裏打ちされたものでなければ実践で活用できるものにはなりません。

「気持ちをおおらかに持つ」ことを大いなる目標として、困難を抱える子どもたちと向き合い、保護者とともに試行錯誤を繰り返す。そんな経験を積み重ねたいものです。

52 子どもなりの「学び」を大切にする

工作の時間に見かけた一コマです。校庭に落ちている落葉や木の枝を取ってきて、画用紙にはりつけ、秋を表現するという授業をしていました。外に出て、それぞれの子どもが気に入った落ち葉や枝を取ってきたので、子どもたちはその後の製作にも熱が入りました。できあがりに子どもたちはとても満足していて、充実した時間を過ごすことができていました。

そのような中で、一人、教師にとって困った子がいました。電車が大好きな自閉症の男の子が、拾ってきた落葉や木の枝を使って電車を作り始めたのです。確かに素材を活かしておもしろい電車ができあがったのですが、この授業のテーマである「秋を表現する」というねらいからは大きく外れた作品になってしまいました。

こうした子どもを見たとき、教師はその子の活動をどこまで制限すべきなのでしょうか。主題と違うことをしているのだから、すぐにその活動を修正するように教師は働きかけるべきなのでしょうか。それとも、集中して取り組んでいるのだから、そこから子どもは何らかの学びがあるはずだと考えるべきなのでしょうか。

こうした問いに対する明確な答えはありませんが、子どもを指導する以上、どちらの立場をとるか教師は考えなければなりません。

私はどちらかというと後者の立場で子どもとかかわることが多いのではないかと思います。教師の主題の通りに子どもが活動してくれなかったのは、教師が主題をわかりやすく子どもに提示できなかったからだと考えるようにしています。あるいは、教師の用意した主題が子どもには魅力的に感じなかった、と考えることが必要なのではないかと思っています。

教育というものは、そもそも「教えたい側の思い」と「教わる側の思い」にずれが生じて当然だと考えるべきでしょう。教育学の用語でも「教授・学習」という言い方がありますが、「・」で区切られ、二つの異なる用語が組み合わされているのは、教師サイドの「教授」とそれを受け取る子どもサイドの「学習」は、完全に一致することはないと考えられているからです。

このように考えると、教師の思い通りに子どもが学習してくれなくても、子どもがその学習の中で学んでいることは必ずあります。特に、子どもが活動に没頭しているのなら、そこには子どもなりの学びがあると考え、そこから教師は子どもと何を語り合い、何を学び合うかを考えることが大切なのだと思います。

53　同僚の指導スタイルを意識する

着替えや整理整頓、食事のマナーなど、日常生活の指導をしっかりしたほうがよいので、少し厳しめに対応するべきだ……という教師がいます。一方で、子どもが自分でやりたいことを自分で選択できるようにするために、自分で判断し、決定するまで教師は待つことが大切だ……という教師もいます。

もちろん、一概にどちらが正しいとは言えません。教師は、子どもの年齢や発達段階、保護者の意向などを、総合的に判断し、どちらのアプローチを採用するか決めていかなければなりません。

そして、こうした指導のスタイルを決めるときには、もう一つ、見落としてはならない点があると考えています。それは、学校や同僚の指導スタイルを意識することです。特に、ティーム・ティーチングを採用することが多い特別支援教育では、一人の子どもへの対応方法があまりにも違いすぎると子どもは混乱し、学習成果があがらないこともあるので注意しなければなりません。

理想的には、同僚と話し合い、共通した指導方針を持って対応することが望ましいでしょう。しかし、どちらかの教師が妥協して、いわば「合わせる」ような指導になることが現実には多くあります。その理由は、相手の教師の経験や年齢、校内での地位など、片方の教師の意見が通りやすくなっている学校の体質のようなものが存在するからです。

教師間の関係がこのように固定的な場合は、同僚の指導スタイルを意識しながら、自分なりに指導スタイルを変化させることも必要になってきます。たとえば、同僚の指導が少し厳しいかなと感じるときには、別の場面で子どもをたくさんほめてあげようと考えたり、逆に、同僚があまり細かい指導をしない人だなと感じたときには、ときには妥協をせずにきっちり指導しようと考えることが必要だということです。

すべての教師が同じ方向を向いて、共通の指針にもとづき子どもを指導することが理想だと思っている学校もあるかもしれません。しかし、現実的にはそうした指導を行うことは不可能であるとともに、そうした学校が本当に理想なのかも疑問に感じます。

教師はそれぞれ、信念や価値観にもとづく各自の指導スタイルを持っているものですから、学校にはいろいろなタイプの教師がいてよいのです。共通の指針を貫きすぎて子どもの息がつまる学校であってはいけませんし、かといって放任しすぎて子どもが全く成長しない学校であってもいけません。その中間で、バランス感覚を持った柔軟な教師になることが大切なのではないでしょうか。

54 事例を通して共通理念を作る

四月に新しいクラスができ、二人の学級担任がクラスの運営方針を考えていたときの話です。前の担任教師からは、「子どもたちは落ち着いていて、あまり手のかからないクラスでした」と報告を受けていました。しかし、四月にクラスを開いてみると、何人かの子どもたちが教室から飛び出してしまう子どもであることがわかりました。

四月になったので、クラスのメンバーは変わらなくても、新しい教室、新しい先生、新しい時間割に子どもたちはとまどい、落ち着きがなくなっているのでしょう。教師の側も穏やかに始まるはずだった学級開きのイメージが崩れ、少し動揺していたことも、少なからず子どもたちに影響したのかもしれません。

こんなとき、どんなふうに学級経営をするか、担任同士で話し合うものです。そのとき、「○○くんは……」という個別的な話になるか、それとも、「この子たちは○年生だから……」というような学級経営方針を話し合うか、大きく分けると二つに分かれるのではないかと思います。

もちろん、どちらの話も必要です。しかし、クラスが始まって、思い描いていた子どもたちと少し違った場合、担任間の話し合いは事例を中心に、子どもの情報を整理していくことがとても重要なことだと考えます。

たとえば、「○○くんは自閉症で、△△にこだわりがある。この子はこんな場面で落ち着かなくなるよね」という話し合いをして、当面、対応すべき子どもの困難とその子への指導方針を確認することが必要でしょう。

こうした個別のケースの話し合いをたくさんする中で、教師間の考え方を同じ方向に向けていくことが大切です。自閉症児のこだわり行動のとらえ方やダウン症児の発音指導の方法、はたまた朝食を食べさせてくれない家庭とのかかわり方など、個別的に対応方針を検討しながら、最終的には学級内で教師の指導観を形成し、共有していくことが有益な事例検討であると言えるのではないでしょうか。

「学級経営の方法」や「自閉症児への対応の方法」など、さまざまなノウハウ本が多く普及している時代です。そうした時代だからこそ、教師間の対話によって「指導観」を生成し、共有することに大きな価値があると考えます。

目の前に一人の事例があるからこそ、現場の実践が生まれる。教育観や指導観というものは、そうした事例を通して形成された遺産だということを私たちは忘れてはならないと思います。

55 「あそび心」を持って指導する

「ことば」や「かず」の指導をするときには、指導内容を体系的に用意することが重要です。たとえば、「ことば」の指導であれば、生活の中で頻繁に使う「ことば」を一覧にして、まず、それらから習得させるなど、効率的に無駄なく習得してもらえるように計画するのが教師の大切な役割の一つです。

しかし、絵カードを見せて、「これは?」と尋ね、子どもが「りんご」「バナナ」と答えていくような指導方法では子どもはすぐに飽きてしまいます。何をどの順番で指導するかといった「教育内容の体系」と、それをどのように指導していくかという「教育の方法」とは異なるものであるということを教師は意識しなければなりません。

これは、「あそびの指導」などではより顕著に言えることです。「あそび」を指導する時間であることを、あまりに正面から捉えてしまうと、「子どもが遊べるようになるにはどうすればよいか?」ということに気が向いてしまいます。すると、「ことば」や「かず」の指導と同じように、「子どものあそびにはどのような段階があるのか?」とか「友達と仲良く遊ぶために必要なスキルは?」など、教えたい内容を整理して体系的に指導しようとしてしまいます。

しかし、「あそび」というものはもっと自由で、創造的なものではないでしょうか。特別支援教育においては、とかく子どもの障害や困難に目を向け、それを克服・改善することに焦点があてられやすいものです。しかし、そもそも私たち教師が行わなければならないことは、楽しい授業を子どもに提供することです。そう考えると、あそびの指導も子どもと一緒に遊びを楽しむことが大切なのであり、大らかな気持ちで授業を展開していくことが求められるのではないかと思います。

遊び方を教えることや、あそびの選択肢を提示することはあっても、あそび自体を教師がコントロールすることはできません。「子どもは教師の背中を見て育つ」ではありませんが、先生が楽しく夢中になって遊んでいる姿を見て、子どもが「やってみよう」と思うことが、子どもの発達を促していくのだと思います。

車のハンドル操作にも「あそび」というものがあります。車がまっすぐ走るためにも、多少のブレはむしろ必要なのです。「あそび」の範囲内で上手に揺れながら、人も成長していくのだと考えます。だから、教師の仕事は子どもにつきあい、一緒に夢中になり、創造的な活動の楽しさを共有することではないかと考えます。こうした意味で、教育では教師の「あそび心」がとても大切だと思います。

56 実践記録を書こう

特別支援学校において個別の指導計画が作成されるようになって、すでに一〇年以上が経過しています。近年では、特別支援学級に在籍する子どもにも作成されるようになっていて、指導の計画が書類として保存されるようになっています。

多くの学校で保護者の意向を聴取して指導計画が作成されたり、昨年度の指導計画をふまえて今年度の指導計画が作成されるなど、一〇年前の状況と比べると個別の指導計画も、少しずつ発展・進化してきました。

しかし、教育現場では、指導計画を書くことに大きな負担を感じている教師も多くいます。それは、学校で指導計画を書くことだけが目的化していて、子どもの教育成果とどのように結びついているのか実感できないといったことも関係しているからでしょう。

また、個別の指導計画の中に記載される「短期目標」なるものが、教師の心理的な負担感を増大させている可能性もあります。日々の実践の中で短期目標としたことがらを、当面目指すというくらいで気軽に書ければよいのですが、実際には短期的に達成する課題を保護者に示し、「これを指導します」と表明するのですから、教師にとっては心理的なプレッシャーになることもあるでしょう。

個別の指導計画を書く以外にも、現在の学校には、教師が追われるようにして書く書類がたくさんあります。そうした中で、教師は即時的に効果が出たり解決するような情報を求めるようになり、書店でも「すぐに使えるアイディア集」がたくさん売れる時代になりました。

かくいう私も、教師支援となるならば、そうした本の編集もいとわないという思いで何冊か執筆したことがあります。しかし、教師の資質や専門性向上という点からすると、そうした教育界の風潮に危惧を感じているのは私だけではないでしょう。

文章を書くということは、そもそも考えを整理するためのものです。そうした整理は今の子どもの状態を客観的に分析して、保護者や同僚に伝えるための一つの手段となります。ある視点を持って子どもを観察し、それを文章にとどめておく。そして、その中から次の数カ月の間に指導すべき内容が見えてくる。こうした記録を教育界では「実践記録」と呼んでいます。昔の有名な実践家は、多くの実践記録を残していて、私たちに今でもたくさんの示唆を与えてくれています。理想主義的な言い方ではありますが、個別の指導計画はそうした実践者の思いの詰まった「実践記録」の一部であるべきです。まずは、教師と子どもの豊かなやりとりの軌跡を綴った「実践記録」を書いてみましょう。

57 最後は教師のひらめき

一時期に比べると、総合的な学習の時間をどのように創造していくかといった議論は少なくなりました。しかし、私は総合的な学習の時間は教師が自分自身を見つめ、子どもとともに発展していくことができる授業なので、とても大切な授業だと思っています。

知的障害児のための特別支援学校には、重度の障害児も在籍しています。こうした子どもたちに総合的な学習の時間を行うときにはかなりの工夫が必要です。まず、テーマ設定の段階から多くの難問が浮上します。国際理解や福祉、情報など、総合的な学習の時間で取り上げられることの多いテーマは、とても重度の知的障害児が自ら考え、自ら解決していくものとはなりにくいものです。

続いて、実際の活動をどのように組織するかということも大きな課題となって教師の前に立ちはだかります。重度障害児が自ら考え、自ら解決するような活動とはいったいどのようなものであるか。考えれば考えるほど、解決の難しい問題となっていきます。

教育現場には、このような「考えれば考えるほど、深みにはまってしまう」ような難問がたくさんあります。こうした難問をベテラン教師は、「理屈ではわからないけど、こうすればうまくいくんじゃないかな」というように、経験的に解決策を提示することができるものです。すべての問題を理論で解決することができない「現場」を持っている学問においては、こうした経験は貴重な財産だと考えます。

つまり、難問が山積している実践を打開する糸口は、熟慮に熟慮を重ねた上で、最後は教師の「ひらめき」だということです。「ひらめき」を「思いつき」と言い換えて、「わからなくなったら思いつきでよい」と言ってしまったのでは、確かに無責任な話です。しかし、何が子どもにとってよいかなどということは、誰にもわかるものではないのですから、経験的にこうだと思う実践を「まずは、やってみることが大切だ」と言うのであれば、それほど無責任な話ではなくなるのではないでしょうか。

教育実践で大切なことは、「まずは、やってみること」です。そして、自分の実践を振り返り、自らの指導方針や指導内容を変化させて、最終的には子どもに合った授業に修正していくことが次に大切なことになります。教育実践というものは、そもそもこの繰り返しであり、ベテラン教師の「ひらめき」は、こうした「振り返り」を繰り返している中で出てきた、理論化されていない経験知あるいは実践知だと考えます。

科学的知見から実践へというのではなく、実践を通して科学的に授業をつくっていくこと。これが、教育実践の幅を広げるためには欠かせない視点です。

58 地域で子どもを育てるために

学校や地域の親の組織は以前と比べると形骸化していると言われています。学校のPTAも学校や地域を育てていこうとする組織ではなく、学校業務の下請け的な組織となっているような感じもします。これは、子どもを育てる社会的基盤がそれなりに形成され、人々の価値観が多様化した時代になったので、「同じ学校に通っているから」という理由だけで連帯できるものではなくなってきたからだと考えられます。

一方、特別支援学校の保護者の組織は、通常の学校のPTAと比べると、断然、機能していると考えられます。放課後の居場所がない障害児に対して、保護者が学校の施設を借り、外部講師を招いて月に何度か「○○教室」を開いたり、夏休みなどの長期休業中にはプール開放や夏祭りを企画するなど保護者が主催して子どもの生活を充実させています。

こうした保護者の連帯が可能となっている背景には、障害児の社会的受け皿が少ないことが挙げられます。「子どものためになることなら……」という共通の思いを持って、保護者は連帯し、イベントを企画しているのでしょう。こうした保護者が集い、語り、連帯し合う組織をコミュニティと呼ぶのだと思います。

同じ学校に通わせている保護者が母体となったコミュニティは、個人の意見が集約されて大きな力を持つようになります。学校に働きかけ、学校の施設を借り、PTA会費の一部を活用して、障害児の部活動が実現したりしています。ときには、地域の協議会と連携をはかり、通学の際に地域でさまざまな配慮をしてもらうなどということも各地で行われているものです。

こうしたコミュニティづくりの意義は何と言っても、保護者同士の情報交換にあります。少し先輩の保護者が新しくコミュニティの一員となった保護者に、地域で障害児を受け入れてくれる教室などを教える。父親が集まって、懇親会と称した飲み会が開かれると、作業所や施設の見学に行ってみようという話になる。こうして、一つのコミュニティの中で子どもの生活基盤に関する情報が広がり、受け継がれ、そしてそれが高い水準で維持されていくのです。

教師はこうした保護者のコミュニティが自然と継続していくよう、黒子となって支援するのが役割です。親が会合を開くときの一番の悩みは、何と言っても子どもの面倒を誰が見るのか、ということです。勤務時間外の仕事になることも多いのですが、こうした影の立役者となることが保護者からは期待されています。

一方、親がイベントを企画したときに、子どもが楽しめるようにルールを変えてみたり、進行のアドバイスをしたりするのは、教師の専売特許です。せっかく保護者が企画してくれたのだから、子どもが楽しく過ごせるように、ルールや進行を少しアレンジし、司会のお手伝いをしたりすることが教師の大切な役割です。

このように教師も一緒に参加し、自分の役割を見つけて協力することで、教師もまた親のコミュニティに参加できるようになるのです。本来、子どもを地域で育てるとはこうしたコミュニティを基盤にしたものであるべきです。教育実践の幅を広げるためにも、教師は保護者のコミュニティに積極的に参加し、保護者の思いに耳を傾けることが大切だと考えます。

第6章

保護者を支援する教師になる

59 比べることから解放する

保護者が子どもの障害を受容する過程は、とても複雑で一様ではありませんが、子どもの障害を受け止められない保護者の多くが気にしているものに、他の子どもとの「比較」が挙げられます。

たとえば、「うちの子は、発達が少し遅れているだけです。そのうち、他の子どもに追いつきます」と言う保護者と、「うちの子どもはせめて障害児の中でトップになりたいと思うので、高等養護学校を受験したい」と言う保護者がいたとします。こうした保護者は子どもの障害の認識という点では多少違うかもしれませんが、どちらも「比較」の中で子どもを見ているという点では同じだと言えます。

こうした保護者に対して、「お子さんの本当の姿をちゃんと受け止めてください」と話すだけでは、保護者は変わりません。なぜなら、保護者には理屈では取り去れないくらい大きなものを背負い込んでいる可能性があるからです。

学校の教師をしていると、勉強のできる子にもできない子にも出会います。勉強のできる子がいつでも幸せで、勉強のできない子がいつでも不幸せであるとは言えないということを教師は知っています。

特別支援教育に携わる教師も、障害の重い子がいつでも大変で、障害の軽い子が比較的、快適に生活しているかというと、決してそうではないと感じていることでしょう。だから、教師は子どもの発達の遅れや、障害に対して前向きに捉えることができるのです。

しかし、保護者はそのように考えられないこともあります。高校や大学のときには、幸せに生活するためには学歴が必要だと強く言われていたり、いっこうに学閥がなくならない会社の中で日々過ごしている人もいます。そうした環境で生活してきた人が、他の子どもと違う対応をされることに異常な警戒心を持つのも無理のないことです。

このように、社会の中には、まだまだ障害を異端なものとして捉えてしまう要因が多く存在するものです。こうした保護者には、「お子さんの本当の姿を見てください」と言うのではなく、まず、比べることから解放することを考えることが大切です。

一人ひとりの子どもには、苦手なこともあるけれど、得意なこともあるということを理解してもらうこと。そして、苦手なところは障害によるものである可能性が高いけれども、今のままでもとてもよいところがたくさんあるということ。こんなふうに保護者が思える働きかけが大切なのだと考えます。かしこまった話し合いで理解してもらおうとするのではなく、立ち話から、時間をかけて、少しずつほぐしていくことが大切です。

60　保護者が使える言葉を伝授する

「うちの子、〇〇ができなくて……」という言葉を保護者はよく使います。日本人の親の場合、子育てについても謙遜や照れくささなどもあり、社交辞令のような言い方で、こうした言葉を使う保護者も多いことでしょう（ただし、たとえ、謙遜であったとしても、子どもがいる前であまりこうした言葉を連発するのは、やはり避けたほうがよいと個人的には思っています）。

一方、子どものほめ方がわからないという保護者もいます。特に障害のある子どもの場合、年齢相応にできることが少なく、「手がかかる」ことは事実であるので、教育のプロではない保護者が子どものどこを見てほめればよいのかがわからないということもありえる話です。こうした保護者には、子どもの見方をさりげなく伝えていくことも大切なことなのではないかと考えます。

たとえば、「うちはアメとムチを使い分けています」という保護者がいたとします。これは、やわらかく表現すれば、「良いことをしたときはちゃんと褒め、悪いことをしたときは厳しく叱る」という言い方でしょう。しかし、「ムチ」という言葉を肯定すると、かなり厳しい指導が繰り返されてしまう可能性があるので、表現を変えて保護者に理解してもらう必要があると考えます。

私は教育相談の場面で、「うちはアメとムチを使い分けています」という表現を使う親がいたときには、次のようにさりげなく言い換えています。

「子どもと押したり、引いたりしながら、適度な距離感を保っているのですね。」

こうした表現に言い換えるのは、アメとムチという両極端な対応ではなく、ときには親の要求を子どもに理解してもらい、ときには親が子どもの要求を聞いて、双方が妥協をしながら生活するというイメージを保護者に持ってもらいたいからです。

こうした取り組みは連絡帳や学級通信などでもできると考えます。教師はさまざまなところから子どもへの接し方に関して「言葉」を提供しながら、教師と保護者が一緒になって子育て観を形成していくことができることが望ましいと考えます。

良い教師に出会った保護者は、一様に子どもの様子を上手に表現することができるものです。「うちの子は、○○は苦手だけど、△△は得意」などというように、子どもを最後は肯定的に理解することができるようになるには、やはり言語の力によるところが大きいと考えます。障害のある子どもと数十年つきあっていく保護者にとっては、こうした言葉は生涯使えるアイテムとなり得るものです。

61 子どもから大人へ橋を架ける

小学校から中学校、そして高校へ、子どもたちは年齢を重ねるごとに「大人」になっていく自分を実感していきます。こうした実感は障害のある子どもでも同じです。特に、特別支援学級の子どもは、小学校を卒業すると別の場所にある中学校に通うことになるので、子どもも親も次のステップへと進んでいることを意識できます。

しかし、特別支援学校では、小学部を卒業しても同じ敷地にある同じ学校の中学部に通うことが多いので、保護者は子どもが年齢的に大きな節目を迎えたことを強く意識できないでいることもあります。

一方、子どもは、「自分は中学部に行く」と思うように、次のステップを意識していることが多いと思われます。おそらく、子どもはあの教室に行くと「お兄さん」「お姉さん」になるということを何となく感じていて、そして、あこがれているのでしょう。

このように、節目を意識して子どもとのかかわり方を変化させていくことは、とても大切なことだと考えます。着替えや排泄の指導について、小学部のうちは教師が面倒を見るかのように対応していたものを、高等部になるにつれて子どもに任せるようにするなどがその例です。

こうしたかかわり方の変化は、保護者にも促していかなければなりません。たとえば、高校生になったのだから、少しは自由に、任せてみましょうと、保護者に働きかけるなどです。たとえば、休みの日に、多少、だらだら過ごしている高等部の生徒がいても、周りの高校生もこんなものかな……、自分の高校生のときも、そんなにちゃんと生活していなかったよな……、と思えば子どもを大目に見ることもできるでしょう。

子どもから大人へ橋を架けるということは、私たち大人が子どもからどのくらい離れることができるかにかかっています。障害のある子の保護者や担任教師は、子どもとかかわっていなければ、自分が非難されてしまうといった不安を抱いている人もいます。こうした大人に囲まれていると、いつまでも子どものままでいてはいけないと感じながらも、子どもは自立するチャンスを逃し大人になりきれないという矛盾の中で不安定な気持ちになってしまいます。

教師や保護者はとかく、子どもを大人にしようと頑張りますが、本来、「大人にする」というものでなく、子どもが自ら「大人になる」ものです。大人への橋をわたろうとしている子どもを応援しながら見守ることができるように、私たちは、かかわり方を切り替える時期を意識しなければならないのです。

62 「この子よりも一日長く生きる」という気持ち

ときどき、極端な子育てをしている保護者を見かけることがあります。能力的には一人でいろいろなことができる力を持っている子どもであるのに、中学生になっても親に着替えさせてもらっていたり、食事を食べさせてもらっていたりするケースなどがこれにあたります。ひとことで言えば、親離れ、子離れできないケースなのだと思いますが、どうしてこうなってしまったのか、親の心理をもう少し細かく見ていく必要があると思います。

こうした保護者を見かけたら、教師は面談の席で「できることは自分でする」という方針を保護者に示し、家庭でも同じようにやってもらえるように協力を求めることでしょう。保護者も教師の言っていることを頭では理解した様子で、その後、数カ月は子どもにできるだけさせるように努力してくれるかもしれません。しかし、数カ月経つと、またもとの状態に戻っていることも多くあります。

「子どもが親に依存している」という状態は、逆に「親が子どもに依存している」ということでもあります。障害のある子どもを育てている親の中には、「自分がこの子をこのような状態にしてしまった」と無意識的に自分を責めている人もいます。そうした人は、贖罪の気持ちを込めて、子どもの要求を無分別に（あるいは無条件に）聞き入れてしまうことがあるのです。

親にしてみれば、「この子よりも一日長く生きて、この子を看取ってから私は死ぬ」と覚悟を決めている人もいます。こうした親にしてみれば、学校の先生が勧める子どもの自立やそのためのスキルは、それほど魅力的には感じません。むしろ、安定している親子関係を崩そうとする余計な発言と受け取ってしまうかもしれません。

もちろん、冷静に考えれば、親のほうが先に亡くなることが多く、子どもの自立を促していくことはとても大切なことです。しかし、そうした正論が通じるほど、保護者の気持ちは理性的に整理されているわけではないのです。「この子よりも一日長く生きて……」という気持ちを持って生活している保護者がいるということを、少なくとも教師は理解していなければならないでしょう。

子離れというのは、子どもが何歳までにできなければならないというものではありません。学校や社会の中に子どもの居場所が見つかると、親は少しずつ、寂しいけれど、子どもから離れていくものです。「子離れしましょう」と言うのではなく、「お子さんは私たちが責任を持って見ていきますから」と学校が社会を代表して伝えていくことが、保護者の子離れを支援する第一歩になると言えるのではないでしょうか。

63 指導するのではなく、応援する

若い教師に対して、ときどき保護者からきついひとことが浴びせられるときがあります。その一つに「子どもを育てたことのない先生には、親の気持ちはわかりませんよ」という言葉があります。

そうした保護者は、ベテラン教師には何も言わないかというと、そうではありません。子どものいる教師に対しては、「障害児を育てたことのない先生には、わかりませんよ」と言うし、障害のある子を育てている教師に対しても、「先生の子どもの障害と、うちの子は違いますから」と言われてしまうこともあります。

このように言われると、教師としてはどうにも反論することができなくなります。どうしたら自分の言っていることを理解してもらうことができるのか、わからなくなり途方に暮れてしまうでしょう。しかし、こうしたことを言う保護者の気持ちを今一度、考えてみましょう。

「先生にはうちの子のことはわからない」という保護者が、すべての教師にそのように言っているかというと、決してそうではありません。保護者は、「自分と同じ経験をしていない先生にはわからない」と字句通りに訴えかけているのではなく、「先生は私の気持ちをわかってくれていない」と言っているのだと思います。

保護者が「先生には親の気持ちがわからない」と口にするのは、教師が子どもの話に終始しているときが多いように思われます。「お子さんはこんなことが苦手なので、ご家庭でもこんな支援をされてみては……」などというアドバイスが、ときに保護者を苦しめる結果になっています。

家庭では母親がぎりぎりのところで子育てをしているのかもしれません。父親がもう少し子どもの障害を理解し、協力してくれれば、もっといろいろな支援ができると母親も感じているかもしれません。そうした、家族内の関係を考慮することもせず、「ご家庭でもこんな支援を……」と教師に言われたら、「先生にはわからない……」と口にしたくなる気持ちも理解できます。

だから、教師は保護者との関係において、「こうしてください」と指導するのではなく、「私たちが何かお手伝いできることはありませんか」というような、応援する関係でいることが大切です。もともと、保護者と教師の間には立場の違いがあるのですから、保護者とたくさん話し合い、お互い理解し合うしかないのです。保護者とうまくつきあう秘訣は、保護者の応援団の一員となることです。

64 将来の漠然とした不安を晴らす

新生児仮死など重篤な状態で生まれてきた子どもが、一時期、新生児集中治療室（ＮＩＣＵ）と呼ばれるところでケアを受けることがあります。そこは、自分の子どもに障害があるという現実をつきつけられた保護者が、さまざまな思いを看護師に話す場所です。この新生児集中治療室で障害児の親が語るいくつかの典型的な「不安」を紹介します。

まず、両親が共働きであった場合、どちらかが仕事を辞めなければならないかもしれないという状況に直面します。それは、これまでの家庭の収入が半減する可能性のある話であり、経済的な不安も同時に生じてきます。

少し先のことまで考えてしまったら、こんなに障害の重い子どもを受け入れてくれる小学校はあるのだろうか、高校や大学へはやはり行けないのだろうかなど、教育に対する不安も出てきます。そして、将来、この子はどのようにして食べていくのだろう。施設に入るにしても、この子に合った場所がちゃんと見つかるのだろうかと、保護者の不安は多方面に広がり、そして、尽きないものです。

こんな将来に対する漠然とした不安を、障害児を目前にした保護者は感じていると言われています。もともと、出産直後というのは、母親の気持ちが落ち込みやすい時期でもあるので、新生児集中治療室の看護師は、保護者の心理的ケアを含めて対応しなければならないと言われています。

こうした障害児の保護者の不安は、乳幼児期だけのものではなく、子育てをしている間、ずっと続くと思ったほうがよいでしょう。この子の身体が大きくなって、私の言うことを聞かなくなったらどうしよう。一人でコンビニまで買い物に行けるようになったけど、今度は、外で悪い人に声をかけられてお金を巻き上げられたりしないだろうかなど、保護者の不安は続いていきます。

これらはすべて、子どもの将来に対する漠然とした不安です。子育てというのは、ある意味で、こうした将来に対する不安が常に保護者を襲うものであり、これは障害児に限ったことではありません。

だからこそ、子どもの周りにいる人（看護師や教師）が、保護者の気持ちを支えていくことが必要なのです。「大丈夫ですよ」と言うだけでなく、将来に向かって子どもが少しずつ成長していく様子を語り、「子育ての見通し」を持てるように話しかけることがとても大切なことになります。「頑張りましょう」と励ますよりも、将来の見通しを語るほうが保護者の元気は出るのです。

65 情報提供も重要な仕事

保護者に人気のある教師と、信頼される教師が必ずしも同じでない場合があります。人気のある教師は、おおむね子どもや保護者への受けがよく、朗らかで、明るく、はっきりとした態度で……というように教師のキャラクターによるところが多いのではないでしょうか。

一方、信頼される教師は、「あの先生、少し話しかけにくい雰囲気を持っているけど、話してみればとっても参考になる話をしてくれたのよ」というように、保護者が求めている情報や話ができることが決め手となっていることが多いと思われます。

もちろん、子どもや保護者の人気を博し、なおかつ信頼される教師であることが理想的ですが、教師も人間なのでそれほど完璧な教師になれるとは限りません。そこで、どちらの教師を目指すか考えたとき、必要な情報を保護者に伝えることのできる信頼される教師になろうとすることが大切なのではないかと考えます。

保護者が求めている情報をそれとなく話せる教師になるためには、当然のことながら、日々の勉強（努力）が不可欠です。ただし、これはやみくもに勉強してもたどりつけるものではなく、意図的に幅広く勉強しようとしなければなりません。

教師は保護者に受け持ちの子どもの学習や生活を改善していくコツや見通しなどを話せなければならないということは当然のことです。その上で、ときに教師は、受け持ちの子どもの兄弟姉妹の学校生活のことなども聞かれることがあります。たとえば、「下の子が文字に興味を持っているけど、五〇音表はいつごろから教えたらよいのか」など、特別支援教育とは関係のない質問をされることもあるでしょう。

また、「うちの子くらいの障害だと、年金はいくらくらいもらえるのか?」とか「うちの子でもグループホームに入れてくれますか?」など、福祉の制度や現状についてそれなりに情報収集をしていないと答えられないような質問も飛んできます。

もちろん、知らないことを知っているかのように答えて、事実と違ったときには、まさに信頼を失うことになってしまいます。保護者は知識が豊富な教師を頼りにするものですが、本当は、保護者は教師の努力や姿勢を見ているのかもしれません。

この教師は、子どものために一番良いと思われる情報を私のところに持ってきてくれるのかどうかを保護者は見ています。だから教師は、保護者に単に情報を伝えるだけでなく、夢を交えて語ることがとても大切なことだと思います。子どもの明るい未来を語りながら、必要な情報を提供してくれる。保護者はそんな教師を信頼するのだと思います。

66　生活をともにしている保護者の尊厳

あるときの教育相談で、「先生から見て、うちの子には障害があると思いますか？」と保護者からストレートに聞かれたときがあります。私は医者ではないので……とお茶を濁すように答えていたのですが、保護者はそういった回答では納得できず、「私たちは覚悟ができていますから、先生の思ったとおりに言ってください」とさらに聞かれました。

私の見立てでは、軽度知的障害か、知的障害がなくても学習障害があり、何らかの配慮が必要なお子さんであると思ったので、「断定はできませんが……」と付け加えた上で、私の考えを保護者に話しました。

その保護者の後日談を別のところから聞くことができました。私が「障害がありそうだ……」と伝えた後でも、保護者はまだ子どもの障害について十分、受け止められていないようでした。「あの先生はうちの子を一五分くらい見ただけだから、わからないんだよ」とその保護者は口にしていたようです。

私はそうした話を聞いたとき、これが保護者というものだと実感しました。もちろん、私は自分の意見を述べたことについて後悔していないし、間違っていたとは思っていません。おそらく、私のような話をいろいろなところで何人かの人から聞いたとき、その保護者は「やっぱりそうなのか……」と思えるときが来るだろう。私は、その先兵になったのだと思うようにしました。

自分の子どもを自分の手でしっかり育てようとしている保護者ほど、教師の話が受け入れられないときがあります。特に、家での様子と学校で見せる困難が異なる場合には、保護者は教師の言うことについていけなくなるときがあるようです。

学習障害の子どもが家庭で大きな困難を示さずに、それなりに日常生活を送ることができているのは、保護者が無意識のうちに子どもをしっかりフォローしているからです。つまり、保護者が自分の子どもの困難を見ようとしていないのではなく、子どもへの献身的なかかわりがその困難を見えにくくしているのだと考えるべきでしょう。

子どもと生活をともにしている保護者は、私たちが知っている以上に子どものことを理解しているものです。ただし、それは家庭で見ている子どもの姿であり、また日常用語で語られるものです。たとえば、「この子は、短く区切って話をすると理解できる」というような専門的な言い方ではなく、「親の言うことは理解できるみたいです」というように。私は生活をともにしているからこそこうした理解ができる、そんな保護者の尊厳を正面から受け止めたいと思っています。

67 自立を少し広げて解釈する

「自立」という言葉を聞いて、どのようなイメージを持ちますか？ 多くの人が、「何でも自分でできるようにすること」と答えるのではないでしょうか。もちろん、こうした自立観も全く否定されるものではありませんが、現代においてこうした自立観はあまり現実的なものではありません。

まず、私たちの生活の中で、「何でもできるようになる」ことは必要のない時代となりました。社会では自給自足の生活をしている人など皆無です。むしろ、分業の考え方が確立し、それぞれの社会的役割を果たすことが重要であると考えられるようになっています。また、障害者福祉や高齢者福祉の分野でも、「サービスを活用して、自己実現をはかること」がとても大切なこととされ、むしろ、自分にとって必要なサービスを選択していく力が自立には必要であると考えられています。

こうした時代において、子どもが自立するために必要なこととは何でしょうか。私は特に次の二つを強調したいと考えます。

一つは、「選ぶ力」です。たとえば、レストランへ行ったときに、昔の自立観であれば、

「一人でご飯を食べることができる」とか「こぼさず、残さず食べることができる」といったことが求められたかもしれません。しかし、今の時代では、多少、食べさせてもらっても、「自分で食べたいものを選ぶ」ということが大切になってきます。

また、「楽しむ力」も大切です。先のレストランの例で言えば、きれいにこぼすことなく食べられるに越したことはありません。しかし、これからの時代は、「おいしかった」とか「みんなと食事ができて楽しかった」ということを、今まで以上に大切にしていかなければならないと考えます。

このように、「〜ができる」という自立観を、これからは少し広げて解釈していくことが求められています。こうした自立観の転換の裏には、障害そのものを改善しようとするだけでなく、社会への参加の度合いを高めていくことがこれからの時代には必要であるという認識が広まってきたことが関係しています。

このように自立を少し広げて考えるということは、学校や教師あるいは保護者にとっても大きな意味を持ってきます。つまり、教師や保護者は、目に見える子どもの能力を段階的に伸ばしていくことだけを目指すのでなく、子どもが活動にどのような「参加」ができているのかを見つめることが大切になります。子育て観や指導観を変化させるきっかけとして、「自立」について保護者と語り合ってみるとよいのではないでしょうか。

68　人生観と価値観を問い続ける

「子どもを施設に入れるなんて……」と地域の中で白い目で見られることは、近ごろ少なくなってきました。高齢者の介護に疲れてしまう介護者のことがニュースになる時代となりましたので、家族の介護を「一人で頑張らなくてもよい」と思える風潮が、このところ一般的になってきたことが大きく影響していると思われます。

しかし、障害者のいる家族が同じように思っているかと言えば、そこはまだまだ大きな壁があります。地域の人や親戚は「無理をしないでいいんだよ」と言ってくれていても、子どもを施設に入れることに対して、どこか後ろめたい気持ちでいる保護者や兄弟がいることは事実です。そうした気持ちを抱きながら、保護者は教師に究極的な問いを投げかけてきます。

「私もそろそろ歳だから、うちの子を任せられる施設を探しているんです。でも、やっぱり施設に入れるのはかわいそうに思えるんです。」

さて、あなたがこのような問いを保護者から投げかけられたら、どのように答えますか。

「お母さん、もう少し頑張ってみましょう」と言うのはあまりにも無責任な言い方です。

でも、その逆に「施設に入れるのも、一つの方法ですよね」と答えても、保護者の気持ちをちゃんと受け止めているようには聞こえないでしょう。

それは、施設に入れるべきなのか、家庭で見るべきなのかといった答えを保護者は教師から聞きたいのではないからです。保護者はおそらく、もっと奥の深い問いかけを教師にしているのに、その問いに教師が正面から向き合って答えていなければ、その答えは、何となく陳腐に聞こえてしまうのだと思います。

保護者が教師に投げかけた問いは、親はいつまで子どもの面倒を見るべきなのかというような、とても根本的な問いなのではないでしょうか。家族とは何か、施設とは何か、といった簡単には答えが見出せそうにない問いを保護者は気の許せる教師にそれとなく投げかけてくるのです。

だから教師は、やはりそれとなく、奥の深い言葉をもって保護者に答えなければなりません。

「二〇歳を超えて、支援の必要な人がいた場合、その人をケアする責任は家族にあるのではなく、社会にあると思うんですよね。」

というように、理念的、あるいは哲学的な思いを込めながら、教師は保護者に答えていくことが求められるのだと思います。

教師であれば、こうした根源的な問いを、一般の小・中学校の保護者からも投げかけられると思います。しかし、障害児の保護者は私たち以上に「生」や「死」と向き合い、いくつもの修羅場をくぐりぬけてきた人たちです。

そうした人たちが、深く問い、それでも答えが見出せないでいる根本的な問いに対して、教師は自分の人生観や価値観のすべてをかけて、保護者と向き合い、そのときに出せる精一杯の答えを語らなければならないのです。

保護者と話をしながら、自分を磨く。そうしているうちに、教師自身の人生観や価値観が少しずつ形成されていくのです。障害児の家族とともに子どもの教育を担う教師は、「生きる」ということの意味を問い続ける存在でなければならないのだと思います。

おわりに

この本の企画を持ちかけられた頃、私たち筆者は、「最近、学校が本当に忙しくなっているね」という話をしていました。学校現場では、提出書類が増大し、保護者対応で心身ともに疲れはて、何のために教師になったのだろうかと、つぶやく教師が増えてきたことに、私たちは少し危機感を感じていました。

もちろん、この本を読んだからといって、そうした問題が解決するものではありません。でも、とにかく現場の先生たちが元気の出る本を書こうと、筆をとることにしました。教師になった頃を思い出し、子どもたちの生の姿をたくさん書きながら、先生たちが元気の出る特別支援教育の「技」や「コツ」をたくさん書いてみようと話しました。

このとき、現場の先生が元気になる「技」や「コツ」とは、How to本によく見られるテクニックではないと私たちは考えました。そうではなくて、明日から学校でまた授業をしてみたいと心がおどる「技」や「コツ」が書けないだろうか。それはつきつめていくと、最後は教師論や授業論に通じるものではないかと話し合いました。

この本では、そんな教師論や授業論に通じる「技」や「コツ」をたくさん書きました。この本を読んで、明日からまた、教壇に立つのが楽しみになってもらえれば幸いです。

新井英靖・高橋浩平

著者紹介

●新井英靖

昭和47年生まれ。東京学芸大学大学院修了（教育学修士）。東京都立東久留米養護学校教諭を経て，2000年に茨城大学教育学部講師となる。現在，茨城大学教育学部准教授。日本特別ニーズ教育学会理事・事務局長。

著書に『特別支援教育の子ども理解と授業づくり』『特別支援教育の授業を組み立てよう』『特別支援教育のカリキュラム開発力を養おう』（以上，共編著，黎明書房），『「気になる子ども」の教育相談ケース・ファイル』『よくわかる特別支援教育』（以上，ミネルヴァ書房）などがある。

●高橋浩平

昭和35年生まれ。埼玉大学教育学部卒業。調布市立第一小学校教諭を経て，現在，世田谷区立烏山小学校主幹教諭。日本特別ニーズ教育学会理事。

著書に『特別支援教育の子ども理解と授業づくり』『特別支援教育の授業を組み立てよう』『特別支援教育のカリキュラム開発力を養おう』（以上，共編著，黎明書房），『テキスト特別ニーズ教育』『よくわかる特別支援教育』（以上，一部執筆，ミネルヴァ書房）などがある。

特別《とくべつ》支援教育《しえんきょういく》の実践力《じっせんりょく》をアップする技《わざ》とコツ68

2008年 9 月25日　初版発行

著　者　新《あら》 井《い》 英《ひで》 靖《やす》
　　　　高《たか》 橋《はし》 浩《こう》 平《へい》
発行者　武 馬 久 仁 裕
印　刷　舟橋印刷株式会社
製　本　協栄製本工業株式会社

発 行 所　株式会社 黎《れい》 明《めい》 書《しょ》 房《ぼう》

460-0002 名古屋市中区丸の内3-6-27　EBSビル　☎052-962-3045
振替・00880-1-59001　FAX 052-951-9065
101-0051 東京連絡所・千代田区神田神保町1-32-2　南部ビル302号
☎03-3268-3470

落丁本・乱丁本はお取替します。　ISBN978-4-654-01806-2